北京理工大学"双一流"建设精品出版工程

MAKESI ZHUYI FENGXIAN SHEHUI LILUN YU
BEIJINGSHI DANGQIAN SHEHUI FENGXIAN ZHILI YANJIU

马克思主义风险社会理论与北京市当前社会风险治理研究

宋宪萍 ◎ 著

版权专有 侵权必究

图书在版编目（CIP）数据

马克思主义风险社会理论与北京市当前社会风险治理研究 / 宋宪萍著. --北京：北京理工大学出版社，2021.10
ISBN 978-7-5682-9660-1

Ⅰ. ①马… Ⅱ. ①宋… Ⅲ. ①社会管理-风险管理-研究-北京 Ⅳ. ①D671

中国版本图书馆 CIP 数据核字（2021）第 052438 号

出版发行 /	北京理工大学出版社有限责任公司
社　　址 /	北京市海淀区中关村南大街 5 号
邮　　编 /	100081
电　　话 /	（010）68914775（总编室）
	（010）82562903（教材售后服务热线）
	（010）68944723（其他图书服务热线）
网　　址 /	http://www.bitpress.com.cn
经　　销 /	全国各地新华书店
印　　刷 /	三河市华骏印务包装有限公司
开　　本 /	710 毫米×1000 毫米　1/16
印　　张 /	11.25
字　　数 /	165 千字
版　　次 /	2021 年 10 月第 1 版　2021 年 10 月第 1 次印刷
定　　价 /	78.00 元

责任编辑 / 申玉琴
文案编辑 / 申玉琴
责任校对 / 刘亚男
责任印制 / 李志强

图书出现印装质量问题，请拨打售后服务热线，本社负责调换

序

近年来，随着人们对技术突破和物质繁荣的无止境追求，风险和不确定性大量涌现。一方面，科学发展和技术进步促进了物质的极大繁荣，促进了社会的变革，体现出科学和技术的积极力量与正面作用。但另一方面，科学发展和技术进步也导致了一些难以预测、尚且未知和前所未有的风险。这些风险使得现代社会凸显出种种"脆弱性"，有时甚至比较频繁地造成对社会生活与秩序的广泛冲击和深刻影响，风险社会问题成为学者们日益关注的热点问题。

对风险社会问题的研究，不同的学者有不同的视角，如风险技术取向的理性主义视角，风险社会建构的建构主义视角，风险社会放大的现实主义视角，等等。与其他一些论著不同的是，宋宪萍教授的这篇著作，基于对历史唯物主义和辩证唯物主义方法论的认识，形成了马克思主义视域下的风险社会的理论逻辑建构与当代实践发展，并在此基础上深度剖析了北京市社会风险的具体甄别与学术问题应用，是对风险问题的理论阐释与现实应用的一篇力作，体现了其独有的学术创新和理论贡献。

本书主要在以下三个方面进行了有益的探索：

一是在理论挖掘上，秉持资本逻辑的分析线索，对马克思主义风险社会理论进行了系统梳理构建。本书认为马克思主义的风险社会理论是基于资本逻辑关系的演化。资本逻辑体现着资本运动的内在规律和必然趋势，它以一种必然如此的方式贯穿于资本发展的全过程，并通过一系列经济环节和经济现象体现出来。资本逻辑是风险社会的生成境域，并贯穿于风险过程的始终。只有资本逻辑导向的风险分析，才能深刻揭示资本主义生产方式的内在对抗性矛盾和现代风险发展的历史趋势。

二是在理论演进上，观照全球风险社会，对马克思主义风险理论的当代发展进行了问题导向的实践归因。继续以资本逻辑为主线，分析资本积累过程中金融化与空间化对全球风险社会的演进和累积，阐释后福特制生产方式下风险社会演化的本质。认为马克思主义风险理论对于分析新帝国主义，即由于资本主义体系的金融化和空间范围扩展，而导致的外围经济体剩余向中心经济体的转移问题，依然具有重要价值。

三是在理论应用上，着眼于北京市的现代城市发展，揭示了超越资本逻辑的扬弃和社会风险的刻画甄别及治理策略。本书认为，尽管当前我国不是私人资本逻辑为主导，但是全景式的全球风险社会对我国的巨大外部影响，还是使各个地方具有社会风险因素，而且我们在利用资本为经济建设服务的过程中，会存在负外部性，所以依然存在对资本逻辑进行超越的风险分析。本书立足北京市社会现状，因地制宜，提出了构建由政府主导，吸纳、赋权更多主体、更多层级共同参与的"多中心"协同治理体系的策略。

总之，《马克思主义风险社会理论与北京市当前社会风险治理研究》一书从理论挖掘、理论演进以及理论应用的角度对风险问题进行了综合研判，视角独特，理论分析透彻，理论与实践结合紧密，切中肯綮，体现了作者较高的学术素养与学术水平，是一部对风险领域的研究有重要价值的文献。

中国社会科学院大学首席教授
中国社会科学院学部委员
程恩富
2021 年 9 月 15 日

摘 要

在经济的快速发展中,各类社会矛盾日益尖锐。当现代化危机与后现代变革相逢,当产业生命周期与社会建构之意相悖,当国际化交融与本土化发展相叠,当微文化力量与大数据时代相交,社会变革非线性发展,利益格局深刻调整,思想观念激烈碰撞,社会问题频出,社会风险多发。强烈的时空重叠性,传统性、现代性与后现代性以及本土性、全球性与区域性等交织在一起,造成了风险类型的多样、风险主体的多元以及风险关系的复杂。

风险作为一种现代性批判的元素符码和公共话语基质,早已包含在马克思主义对资本逻辑的批判中。只有资本逻辑导向的风险分析,才能深刻揭示资本主义生产方式的内在对抗性矛盾和现代风险发展的历史趋势。资本逻辑是风险社会的生成境域,并贯穿于风险过程的始终。在对资本的追逐中,风险随之发生并演化成与资本如影随形的系统体系。资本的生产过程揭示了风险的生成、生长、演化的各种发展形式和内在联系的逻辑,资本的流通过程则说明了风险系统本身的复杂性和特定时空序列中风险的自我发展运动过程和再生产结构。在资本的总过程中,资本主义社会经济有机体作为一种极其复杂的社会化大生产集成系统,风险达到顶峰,其中尤以生息资本风险状态最高。当资本内在矛盾累积到一定程度时,风险就演变成危机,风险到危机的过程是风险依傍资本又否定资本的过程。资本主义系统中的风险,实质上是资本逻辑的风险,表现为风险主体的分化、风险运行的结构化,以及风险环境的全球化。基于资本逻辑的风险治理和消解,显然无法通过风险衍生系统的自适应来化解,只有通过对资本关系的根本变革,才能实现人的全面自由发展。

马克思主义风险理论对于分析新帝国主义,即由于资本主义体系的金融化和空间范围扩展而导致的外围经济体剩余向中心经济体转移问题，依然具有重要价值。"金融创新"和"管制懈怠"的同步发展，造成了市场约束对过分风险嗜好防范的失效，每个主体都变得更加追求风险并加大杠杆的力度，直至均衡规则无法进行下去而使市场偏离稳定。空间化的"灵活"性资本积累，借助资本在国际空间的协调与合作，使得资本循环的外延和内涵不断扩展，空间生产的多重维度使得资本循环发展了一种开放式的多元循环路径。金融化和空间化作为资本循环修复方式，会使镶嵌在资本循环中的各种矛盾因素不断激化，促使循环系统本身不断被迫脱离有序均衡状态，不仅不能修复资本循环的断裂，反而会加剧资本循环的断裂。与福特制生产方式中激起国家反市场反应的凯恩斯主义浪潮不同，后福特制生产方式的国际分工与全球市场网络的深化，引发了发达国家共谋的风险，全球化背景下国际利益的裂变加大了国内社会风险的累积。在资本主义生产方式自我调控的过程中，资本主义的内在矛盾不但未得到根本克服，反而导致生产社会化与生产资料私人占有之间的内在紧张出现了风险的转化和外溢效应。随着资本主义生产方式的调整和深化，风险的构成、图景将不断展开并进一步复杂化。风险社会的复杂化是资本主义生产方式的制度效应。

城市建构是空间生产最具显示度的领域，同时城市的建构和发展也成为各种社会意识的聚焦点和社会矛盾与风险的交叉点。北京市作为全国政治中心、文化中心、国际交往中心、科技创新中心，始终走在改革开放的最前沿，坚定不移地推动体制改革和对外开放，坚持"稳中求进"的工作总基调，全面对标高质量发展要求，深入落实首都城市战略定位，经济社会发展成绩斐然。在城市的快速发展中，尽管风险社会形成的内在致病基因已不存在，然而还是要利用资本和市场经济为社会主义建设服务，市场机制成为重塑城市空间形态和推动城市空间重构的重要力量，社会风险依然存在。城镇化的快速推进、社会转型与制度转轨导致的利益分配不均和利益分化、经济全球化导致的外生风险传递都导致城市社会风险的加剧。

资本逻辑的内在否定性表明，城市社会风险的治理不应该是一种单纯的根植于线性因果关系的"控制思路"，而应该是"历史性地治理"，北京市应该摆脱风险控制导向下的风险治理，代之以人为本逻辑的多元协同治理范式。这种多元协同治理框架是政府、市场与社会公民等多元主体，为了科学高效应对城市突发风险事件,通过现代信息网络技术,形成的互相依赖、彼此互动、权力共享的动态自组织网络系统。社会风险的治理与和谐社会的构建本质上是同一社会发展进程的一体两面,最终目的都是促进人的全面发展与社会的可持续发展。

关键词:风险社会;资本逻辑;风险治理

Abstract

In the rapid development of the economy, various social contradictions have become increasingly acute. When the modernization crisis meets the post-modern revolution, when the industrial life cycle is contrary to the meaning of social construction, when the international integration and localization development overlaps, when the power of micro-culture intersects with the era of big data, the social transformation develops non-linearly, the interest pattern is deeply adjusted, the ideological concepts are violently collided, social problems are frequent, and social risks are frequent. The strong overlapping of time and space, the interweaving of tradition, modernity and post-modernity, as well as locality, globality and regionality, have resulted in the diversification of risk types, the diversity of risk subjects and the complexity of risk relations.

As an element code and public discourse matrix of modernity critique, risk has been included in Marxist critique of capital logic. Only the risk analysis oriented by capital logic can profoundly reveal the inherent antagonistic contradiction of capitalist production mode and the historical trend of modern risk development. Capital logic is the domain of formation of risk society and runs through the whole process of risk. In the pursuit of capital, risk happens and evolves into a system which follows with the capital. The production process of capital reveals the various development forms of the generation, growth, and evolution of risks and the logic of internal connections. The circulation process of capital shows the complexity of the risk system itself and the development process and the reproduction structure of the risk in the specific time-space series. In the total process of capital, the capitalist socio-economic organism is an extremely complex integrated system of socialized production, in which risk is at its peak, especially the risk of interest-bearing capital. When the inner contradictions of capital accumulated to a certain extent, risk will evolve into a crisis. The process of risk to the crisis is a process that risk relies on capital and negatives capital. Risk in the process of capitalist production is essentially the risk of capital logic, which appears as the differentiation of risk subject, the structure of risk operation and the globalization of risk environment. It is obvious that the risk governance and resolution based on the capital logic can not be resolved by the self adaptation of the risk derivative system. Only through the fundamental changes of the capital relationship can we realize the all-round and free development of human beings.

Marxist risk theory is still of great value to the analysis of new imperialism, that is, the transfer of surplus from peripheral economies to central economies due to the financialization and spatial expansion of the capitalist system. The synchronous development of "financial innovation" and "regulatory slack" has resulted in the failure of market restraint to prevent excessive risk appetite. Every subject has become more risk-seeking and leveraged until the equilibrium rules can not be carried out and the market deviates from stability. The spatialized "flexible" capital accumulation, with the help of the coordination and cooperation of capital in the international space, makes the extension and connotation of the capital circulation expand continuously. The multiple dimensions of spatial production make the capital circulation develop an open multiple path. As ways of repairing the capital circulation, financialization and spatialization will intensify all kinds of contradictory factors embedded in the capital circulation and force the circulation system itself to break away from the orderly equilibrium state. It will not only fail to repair the rupture of capital circulation, but will aggravate the rupture of capital circulation. Different from the Keynesian wave that provoked national anti-market reaction in Fordism mode of production, the deepening of international division of labor and global market network in post-Fordism mode of production has led to the risk of collusion among developed countries, and the fission of international interests under the background of globalization has increased the accumulation of domestic social risks. In the process of self-regulation of capitalist mode of production, the inherent contradiction of capitalism has not been fundamentally overcome, on the contrary, the internal tension between socialization of production and private possession of means of production has resulted in the transformation and spillover effect of risks. With the adjustment and deepening of capitalist mode of production, the composition and prospect of risk will continue to expand and further complicate. The complexity of risk society is the institutional effect of capitalist mode of production.

Urban construction is the most revealing field of spatial production. At the same time, urban construction and development have become the focus of various social consciousness and the intersection of social contradictions and risks. As the national political center, cultural center, international communication center and scientific and technological innovation center, Beijing has always been at the forefront of reform and opening up, steadfastly promoting the reform and opening up, adhering to the general tone of the work of "striving for progress in a stable way", comprehensively requiring high-quality development, and thoroughly implementing the strategic definition of the capital city. It has made remarkable achievements in economic and social development. In the rapid development of the city, although there is no inherent pathogenic gene of risk society, we still need to use capital and market economy to serve the socialist construction. Market mechanism has become an important force in remodeling urban spatial form and promoting urban spatial reconstruction. Admittedly, social risks still exist. The rapid advancement of urbanization, the uneven distribution of benefits and the differentiation of interests caused by social transformation and institutional transition, and the transmission of exogenous risks caused by economic globalization all lead to the aggravation of urban social risks.

The inherent negativity of capital logic indicates that the governance of urban social risks should not be a simple "control thought" rooted in linear causality, but a "historic governance". Beijing should get rid of the control-oriented risk governance and replace it with the multi-dimensional cooperative governance paradigm of people-oriented logic. In order to cope with urban emergencies scientifically and efficiently, a dynamic self-organizing network system with interdependence, interaction and power-sharing is formed through modern information network technology. The governance of social risks and the construction of a harmonious society are essentially two sides of the same social development process. The ultimate goal is to promote the all-round development of human beings and the sustainable development of society.

Key words: Risk Society; Capital Logic; Risk Governance

目 录

第一章 导论 ... 1

第一节 问题的提出与研究的意义 ... 1
一、问题的提出 ... 1
二、关键概念辨析 ... 3
三、研究意义 ... 4

第二节 研究基本思路、主要内容及研究方法 ... 5
一、基本思路 ... 5
二、主要内容和结构 ... 6
三、研究方法 ... 8

第三节 研究目标及创新之处 ... 8
一、研究目标 ... 8
二、创新点 ... 9

第二章 风险社会：文献述评 ... 10

第一节 国外研究文献 ... 10
一、理性主义视角：风险的技术取向 ... 10
二、建构主义视角：风险的社会建构 ... 12
三、现实主义视角：风险的社会放大 ... 15

第二节 国内研究文献 ... 18
一、针对西方风险社会理论的评介研究 ... 18
二、植根风险社会情境的方法论研究 ... 19
三、面向中国社会风险的治理研究 ... 20

四、结合全球风险社会的构想研究 ………………………………… 21
　第三节　风险社会及其治理研究的简要评价和超越 ………………… 22

第三章　马克思主义风险社会理论 ………………………………… 26

　第一节　风险意蕴维度 …………………………………………………… 26
　　一、风险根植于实践二重性 ……………………………………………… 26
　　二、风险是一种历史性存在 ……………………………………………… 27
　　三、风险的动态性 ………………………………………………………… 28
　第二节　风险社会的演生及其运行 …………………………………… 29
　　一、风险社会产生的源泉 ………………………………………………… 30
　　二、生产过程中的风险 …………………………………………………… 31
　　三、流通过程中的风险 …………………………………………………… 33
　　四、总过程中的风险 ……………………………………………………… 34
　第三节　风险社会的深化——危机 …………………………………… 35
　　一、利润率趋向下降的规律 ……………………………………………… 35
　　二、资本引致的风险到危机的演进 ……………………………………… 37
　第四节　风险社会的实质 ………………………………………………… 39
　　一、风险主体的分化 ……………………………………………………… 40
　　二、风险运行的结构化 …………………………………………………… 41
　　三、风险环境的全球化 …………………………………………………… 42
　第五节　风险社会的治理 ………………………………………………… 44
　　一、风险社会治理的悖论 ………………………………………………… 44
　　二、风险社会治理的资本逻辑思路及其超越 …………………………… 45

第四章　马克思主义风险社会思想的当代形塑 ………………… 47

　第一节　资本逻辑的演进——资本积累的金融化和空间化及其风险 …… 47
　　一、资本积累的金融化及其风险 ………………………………………… 47
　　二、资本积累的空间化及其风险 ………………………………………… 50
　　三、资本循环的全球性空间生产及风险的蔓延 ………………………… 54
　第二节　风险的累积——资本循环的断裂与修复 …………………… 57
　　一、金融资本垄断加剧 …………………………………………………… 59

二、虚拟经济与实体经济严重分离 …………………………… 61
　　三、收入差距越来越大 ………………………………………… 62
　　四、全球经济泡沫的蔓延与破灭 ……………………………… 64
第三节　风险社会形塑——资本主义生产方式的转变 …………… 66
　　一、从福特制到后福特制 ……………………………………… 66
　　二、资本—劳动关系的弹性化 ………………………………… 71
　　三、风险社会的演化本质 ……………………………………… 76

第五章　当前北京市社会发展面临的主要风险 ………………… 79

第一节　资本逻辑视域中城市社会风险 …………………………… 80
　　一、资本的城市化 ……………………………………………… 80
　　二、资本逻辑的城市风险指向 ………………………………… 82
　　三、资本逻辑视域中城市社会风险的生发与放大机理 ……… 88
第二节　北京市社会风险类型和特征 ……………………………… 94
　　一、北京城市发展概貌 ………………………………………… 94
　　二、北京市社会风险类型 ……………………………………… 97
　　三、北京市社会风险特征 ……………………………………… 107
第三节　北京市社会风险的成因 …………………………………… 109
　　一、城镇化的快速推进导致城市风险的加剧 ………………… 109
　　二、社会转型与制度转轨导致利益分配不均和利益分化 …… 111
　　三、经济全球化导致外生风险传递 …………………………… 113

第六章　北京市当前社会风险的多元协同治理 ………………… 116

第一节　社会风险的治理思路：从资本逻辑到以人为本 ………… 116
　　一、资本逻辑引致的控制思路 ………………………………… 116
　　二、以人为本逻辑引致的协同治理思路 ……………………… 118
第二节　北京市社会风险治理现状及问题 ………………………… 121
　　一、北京市社会风险治理现状 ………………………………… 121
　　二、北京市社会风险治理存在的问题 ………………………… 123
第三节　北京市社会风险的多元协同治理机制 …………………… 124

  一、多元协同治理机制的目标 …………………………………… 124
  二、多元协同治理机制的框架 …………………………………… 126
  三、多元协同治理机制的实施 …………………………………… 128

参考文献 ……………………………………………………………… 138

Contents

Chapter 1 Introduction ··· 1

1.1 Problem Introduction and Research Significance ··· 1
    1.1.1 Problem Introduction ··· 1
    1.1.2 Discrimination of Key Concepts ··· 3
    1.1.3 Research Significance ··· 4
1.2 Research Ideas, Main Content and Research Methods ··· 5
    1.2.1 Basic Ideas ··· 5
    1.2.2 Main Content and Structure ··· 6
    1.2.3 Research Methods ··· 8
1.3 Research Objectives and Innovations ··· 8
    1.3.1 Research Objectives ··· 8
    1.3.2 Innovations ··· 9

Chapter 2 Risk Society: Literature Review ··· 10

2.1 Abroad Research Literature ··· 10
    2.1.1 Rationalism Perspective: Technical Orientation of Risk ··· 10
    2.1.2 Constructivist Perspective: Social Construction of Risk ··· 12
    2.1.3 Realistic Perspective: Social Amplification of Risk ··· 15
2.2 Domestic Research Literature ··· 18
    2.2.1 The Evaluation of Risk Society Theory in the West ··· 18
    2.2.2 Research on Methodology of Risk Social Situation ··· 19
    2.2.3 Study on the Governance of Social Risk in China ··· 20

  2.2.4 Research on the Concept of Global Risk Society ············ 21
 2.3 The Brief Evaluation and Transcendence of Risk Society and Its Governance Research ············ 22

Chapter 3 Marxian Risk Society Theory ············ 26

 3.1 Dimensions of Risk Implication ············ 26
  3.1.1 Risk is Rooted in the Duality of Practice ············ 26
  3.1.2 Risk is a Historical Existence ············ 27
  3.1.3 The Dynamic Nature of Risk ············ 28
 3.2 Generation and Operation of Risk Society ············ 29
  3.2.1 The Source of Risk Society ············ 30
  3.2.2 Risks in the Production Process ············ 31
  3.2.3 Risks in the Circulation Process ············ 33
  3.2.4 Risks in the Overall Process ············ 34
 3.3 Deepening of Risk Society—Crisis ············ 35
  3.3.1 The Law that Profit Rate Tends to Decline ············ 35
  3.3.2 Evolution of Capital-Induced Risk to Crisis ············ 37
 3.4 Essence of Risk Society ············ 39
  3.4.1 Differentiation of Risk Subjects ············ 40
  3.4.2 Structured Risk Operation ············ 41
  3.4.3 Globalization of Risk Environment ············ 42
 3.5 Governance of Risk Society ············ 44
  3.5.1 The Paradox of Risk Social Governance ············ 44
  3.5.2 Capital Logic of Risk Social Governance and Its Exceeding ······ 45

Chapter 4 The Contemporary Form of Marxist Risk Society Thought ············ 47

 4.1 Evolution of Capital Logic—Financialization and Spatialization of Capital Accumulation and Its Risks ············ 47
  4.1.1 Financialization of Capital Accumulation and Its Risks ············ 47
  4.1.2 Spatialization of Capital Accumulation and Its Risks ············ 50

  4.1.3 The Global Space Production of Capital Circulation and the Spread of Risks ··54
4.2 Risk Accumulation—Rupture and Repair of Capital Circulation ········57
  4.2.1 Intensified Financial Capital Monopoly ·····································59
  4.2.2 Serious Separation of Virtual Economy and Real Economy ········61
  4.2.3 Growing Income Disparities ···62
  4.2.4 The Spread and Bursting of the Global Economic Bubble ···········64
4.3 Risk Social Model—Transformation of Capitalist Mode of Production ···66
  4.3.1 From Ford to Post-Ford ··66
  4.3.2 Flexibility of Capital-Labor Relations ··71
  4.3.3 Evolutionary Nature of Risk Society ··76

Chapter 5 Main Risks of the Social Development in Beijing ···········79

5.1 Urban Social Risk in the Perspective of Capital Logic ·····················80
  5.1.1 Urbanization of Capital ···80
  5.1.2 Urban Risk Direction of Capital Logic ······································82
  5.1.3 Emergence and Amplification Mechanism of Urban Social Risks in the Perspective of Capital Logic ·······································88
5.2 Types and Characteristics of Social Risks in Beijing ·····················94
  5.2.1 Overview of Beijing Urban Development ·································94
  5.2.2 Types of Social Risks in Beijing ··97
  5.2.3 Social Risk Characteristics of Beijing ····································· 107
5.3 Causes of Social Risks in Beijing ··· 109
  5.3.1 Aggravation of Urban Risks Led by the Rapid Development of Urbanization ··· 109
  5.3.2 Uneven Distribution of Benefits and Benefit Differentiation Led by the Social Transformation and Institutional Transformation ·· 111
  5.3.3 Exogenous Risk Transmission Led by the Economic Globalization ··· 113

Chapter 6 Multiple Collaborative Management of Current Social Risks in Beijing ············ 116

6.1 The Governance of Risk Society: From Capital Logic to People-Oriented ············ 116

    6.1.1 Control Ideas Caused by Capital Logic ············ 116

    6.1.2 The Thinking of Cooperative Governance Caused by People-Oriented Logic ············ 118

6.2 Present Situation and Problems of Social Risk Management in Beijing ············ 121

    6.2.1 Current Situation of Social Risk Management in Beijing ········ 121

    6.2.2 Problems in Social Risk Management in Beijing ············ 123

6.3 Multiple Collaborative Governance Mechanism of Social Risks in Beijing ············ 124

    6.3.1 The Goal of Multiple Collaborative Governance Mechanisms ············ 124

    6.3.2 The Framework of Multiple Collaborative Governance Mechanism ············ 126

    6.3.3 The Implementation of Multiple Collaborative Governance Mechanism ············ 128

Reference ············ 138

| 图表索引 |

图 1-1 本书的研究思路 …………………………………………… 6
图 4-1 拓展的资本循环框架（空间化） ………………………… 57
表 4-1 美国金融、保险、房地产部门（FIRE）产值占 GDP 的比重
　　　（1977—2019） ……………………………………………… 60
图 4-2 美国国内各部门产值占 GDP 的比重（1970—2019） ……… 61
图 4-3 美国最富 1%人口的税前收入占比（1970—2019） ………… 63
图 4-4 主要发达国家与发展中国家经济增长率（2007—2019） …… 65
图 5-1 城市空间的马赛克图景 …………………………………… 88
图 5-2 资本逻辑视域中城市社会风险的生发与放大机理 ………… 94
图 5-3 北京市地区生产总值及增长速度（2008—2019） ………… 95
图 5-4 北京市常住人口总量及增长速度（2008—2019） ………… 96
图 5-5 北京市城乡居民人均可支配收入及增长速度（2008—2014）… 96
图 5-6 北京市居民人均可支配收入及增长速度（2015—2019） … 96
图 5-7 北京市房地产投资额及增长速度（2008—2019） ………… 98
图 5-8 北京市银行、保险系统机构及人员数量（2008—2019） …… 101
图 5-9 北京市低保标准、社会平均工资、最低工资标准及低保标准
　　　占社会平均工资和最低工资比率（2008—2019） …………… 103
图 5-10 京津冀及三地 PM2.5 年均浓度（2014—2019） …………… 105
表 5-1 北京市 PM2.5 来源 ………………………………………… 106
表 5-2 天津市 PM2.5 来源 ………………………………………… 106

表 5-3　河北省石家庄市 PM2.5 来源 ································· 107
图 5-11　2019 年全球风险关联 ····································· 115
图 6-1　城市风险治理范式的转换 ··································· 120
图 6-2　多元协同治理机制框架 ····································· 128

第一章 导　论

当今时代，是一个充满不确定性因素和风险频发的时代，强烈的时空重叠性，传统性、现代性与后现代性以及本土性、全球性与混杂性等交织在一起，造成了风险类型的多样化、风险主体的多元化以及风险关系的复杂化，社会风险成为全球化时代的重要表征和现实境遇，它不仅重新审视现代性路向，而且实际上已经在给我们的时代命名，影响甚至塑造着我们的日常生活以及未来的命运定向。

第一节　问题的提出与研究的意义

一、问题的提出

现代性引致的各种风险充斥在我们生活的这个世界，现代社会各种风险强度的空前加剧和风险环境的空前扩张引发人们的深刻思考，科学至上、理性至上和人类中心主义的弊端越来越成为社会的焦点。尤其是经过四十多年的改革开放，我国社会发展进入一个各方利益矛盾的凸显期，社会深刻转型，利益格局重大调整，思想文化观念剧烈冲突，社会问题和社会矛盾多发。由于社会竞争加剧、社会流动加快、社会分化加速而引发的社会公共危机成为一种巨大的社会风险。

无论是"灰犀牛"的大概率事件，还是"黑天鹅"的小概率事件，社会风险无时不在、无处不在，成为一种社会形态，泛化在城市社会生活的每一个角落，正在改变现代城市运行的自我更新和结构性变革。人类社会的生产方式、行为方式、组织形态、价值理念正在被风险系统化地重构，社会成为一个以风险为主题和特征的全球风险社会形态。风险社会的意义在于人们开始从风险维度对现代社会进行哲学反思，特别是一些大城市，由于人口的复杂化和规模的巨型化，人口流动性大、空间聚集度高，同一时空叠加下的挑战更多，公共管理难度更大，往往成为社会风险的重灾区，具有中小城市和村镇没有的风险性和脆弱性。一次大雨、一场大火、一次大型活动、一场公共卫生疫情就可能引发巨大的灾难。最近十年来，2012年北京"7·21"特大暴雨灾害、2013年青岛"11·22"输油管道爆炸事故、2014年上海"12·31"跨年夜外滩踩踏事件、2015年天津"8·12"港口爆炸事故、2015年深圳"12·20"渣土滑坡事故、2017年北京"11·18"大火等一系列风险事件或事故的发生，凸显城市社会风险的形势严峻和挑战巨大。

在现代化进程中，城市成为日益复杂的巨型社会系统，在规模越来越大的同时也越来越脆弱，风险越来越大，治理的难度也不断增加。随着城市发展的日新月异，能源消耗不断攀升、易燃易爆化学工厂林立、温室气体被大量排放，生态系统日益脆弱，环境污染愈发严重，气候更加复杂多变，公共卫生状况堪忧等现象的出现，使城市面临的风险日益集聚。城市任何系统被破坏或不能适应这些新的逻辑和规则，都可能导致整个城市出现致命危机甚至毁灭。

当前北京市正处在历史上经济繁荣、经济稳定的最好时期，经济综合实力持续增强。2019年全年实现地区生产总值35 371.3亿元，按可比价格计算，比上年增长6.1%。全年全市居民人均可支配收入为67 756元，比上年增长8.7%；扣除价格因素后，实际增长6.3%，为经济社会发展和民生改善提供了强有力的支撑。①

但在经济的快速发展中，同时也是各类社会矛盾日益尖锐的复杂时期，当现代化危机与后现代变革相逢，当城市生命周期与社会建构之意相悖，当国际化交融与地缘政治相叠，当微文化力量与大数据时代相交，社会深

---

① 北京市2019年国民经济和社会发展统计公报[EB/OL]［2020-3-20］http://tjj.beijing.gov.cn/tjsj_31433/tjgb_31445/ndgb_31446/202003/t20200302_1673343.html.

刻转型，利益格局深刻调整，思想观念深刻变化，社会问题和社会矛盾多发。经济的高速增长并不能自动保证社会的线性稳定，也不能自然地解决和调节社会矛盾。从发达国家世界城市发展经验看，处于这个收入水平的时期既是"黄金发展期"，又是"矛盾凸显期"，各种社会利益团体都力图以自身的团体利益对改革加以定义和诠释，并力求使这种定义与诠释合法化，整个社会进入了一个各方利益矛盾的凸显期。在北京市建设世界城市的过程中，如何认识这种社会风险以及对其加以有效治理，就成为一个迫切的问题。

二、关键概念辨析

一般而言，"风险"与"危机"既有区别又有联系。"风险"是抽象的，"危机"是具体的；"风险"是"因"，"危机"是"果"，二者之间有一定的因果关系，是一个"连续统"；"风险"是一种可能性，"危机"则是已经发生的；风险概念不限于风险的损失面向，它也包括风险的获利机会，危机则是一种必然损失。风险和危机之间的因果关系是潜在的隐性关系，只有在触发因子或者导火索的条件下，这种隐性关系才可能转化为外在的显性关系。这个触发因子或导火索就是"突发事件"。风险累积程度高低直接影响突发事件的后果大小，风险的属性决定突发事件的属性；突发事件是风险与危机潜在因果关系显性化的触发因子，而不是风险的最终后果，风险的真正后果是危机，风险的性质决定危机的性质；风险累积程度与危机的严重程度呈正相关关系。

不仅风险和危机是不同的概念，"社会风险"和"风险社会"也是完全不同的概念。"社会风险"存在于每一种社会形态中，每一种社会形态都存在风险，但不是每一种社会形态都是风险社会。在现代社会中，"社会风险"的特质尤其强烈。只要社会发展还处于未完结的生成过程之中，"社会风险"作为具有一般性特征的客观实在，就将存在于人类社会始终，即便在未来理想形态的社会中也会占有重要地位。"风险社会"，则根源于对资本增值无限扩张的资本主义生产方式，是资本主义生产方式演进的直接产物，存在于资本逻辑主导的资本主义生产方式中。

三、研究意义

一直存在并不断以新的形式出现的风险，是推进人类文明进步的一种客观力量。社会的不断进步过程，正是不断克服已有风险，又不断遭遇、激活新的风险，再不断予以解决的过程。社会的每一次进步，在很大程度上源于人们找到了应对所遭遇风险的解决办法；与此同时，又会必然性地激活一些新的或更深层的问题和风险。风险的普遍性存在、分配以及防范和克服风险的努力，将对社会结构的分化和重组产生重要影响，推动新的社会关系和社会生活方式的发育和生长，或者说，风险分配的逻辑是社会结构分化和重组的一种新逻辑。因此，对风险的研究具有重要意义。

（一）理论意义

本书从马克思主义经济学的角度来研究风险社会理论，具有重要理论意义，其一，为深化马克思主义的研究提供新的理论生长点。"风险"，作为一种不确定性的状态，是一个内涵丰富、边界宽泛、非常富有弹性的概念，马克思主义范式下的风险理论具有其逻辑自洽，把风险问题纳入马克思主义理论的论域，挖掘、梳理马克思主义风险理论，以风险视角透视和反思当代社会发展，可以彰显马克思主义理论的当代价值，丰富和发展马克思主义的社会发展理论，开阔我们在全球化境遇中研究当代社会转型和发展趋向的理论视野。其二，为全面透视西方风险社会理论提供了科学的方法论指导。与一般的后现代思潮对现代性一味批判、否定或解构不同，风险社会的西方研究域场，倡导了一种更为积极也更为现实的研究方向，但是其方法论有偏颇，无法从理论及其治理方式上提出令人信服的框架，只有历史唯物主义才是透视风险社会的方法论，因此，本书秉承历史唯物主义的方法论视域，必然能够更清楚地洞察现行的西方风险社会理论。

（二）实际应用意义

本书能够为深化当前北京市的社会风险复合治理提供理论依据。当前北京人均 GDP 已经超过 2 万美元，达到了发达经济体标准。一些发达国家的发展经验表明，这一时期是社会不协调因素的活跃期和社会矛盾最易激化的高风险期，正确、及时、有效地处理在改革发展中的社会风险，将对北京市世界城市建设的长期可持续发展起到重要作用。目前，不仅是北京市，从中央到地方，"防范化解重大风险"都已成为高频词汇。在对北京市社会风险的治理过程中，不能直接复制其他世界城市的经验，尤其需要中国特色社会主义理论指导，不能头疼医头、脚疼医脚，只有立足于马克思主义的视角审视和剖析现代性的风险问题，在现代性背景中来认识风险，才能找准现代性的"病根"，从而真正摆脱社会风险，完成现代性这项未竟的伟大工程。

第二节　研究基本思路、主要内容及研究方法

一、基本思路

在对西方风险理论进行客观评述的基础上，本书的重心在于梳理马克思主义风险社会理论的研究，以风险的意蕴维度、演生及其运行、风险的深化、实质治理为自然逻辑顺序，构建以资本逻辑为主线的马克思风险社会理论的逻辑生成线索，并联系当前资本主义风险的金融化和空间化特征，揭示风险的累积和资本主义生产方式的转变，对马克思主义风险社会思想的当代形塑进行深入剖析，挖掘马克思主义风险社会理论的当代价值。在此基础上，对当前北京市社会发展面临的主要风险进行研究，运用一般马克思主义风险社会理论成果观照北京市社会发展的实际问题，针对北京市当前社会风险的多元协同治理提出建议和对策。

本书的研究思路如图 1-1 所示。

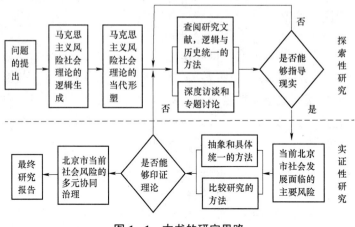

图 1-1 本书的研究思路

二、主要内容和结构

（一）风险社会的文献述评

当代西方风险社会理论的各种解说，无论是理性主义、建构主义，还是现实主义的风险社会放大理论，以及国内各种理论研究视域的解读，都对进一步研究风险社会理论提供了丰富的理论给养。客观地对当前风险社会理论给予述评，是进一步形成本书研究框架的基础。

（二）马克思主义风险社会理论的逻辑生成

马克思主义的风险社会理论是基于资本逻辑关系的演化，资本逻辑体现着资本运动的内在规律和必然趋势，它以一种必然如此的方式贯穿于资本发展的全过程，并通过一系列经济环节和经济现象体现出来，资本逻辑是风险社会的生成境域，并贯穿于风险过程的始终。在马克思主义视域中，资本逻辑是风险社会产生、发展、治理的终极原因。以资本逻辑为主线，本书梳理了马克思主义的风险社会理论。从马克思主义视域下的风险社会意蕴维度出发，重点挖掘了风险社会的演生及其运行，在资本逻辑动态中阐释风险社会的生成和发展，以及从风险到危机的演进，从而揭示风险社会的实质。资本逻辑下的风险治理也需要从资本入手，对治理的分析与风险的生发分析一脉相承。

（三）马克思主义风险社会思想的当代形塑

随着资本主义生产方式的调整和深化，风险的构成、图景将不断展开并进一步复杂化。风险社会的复杂化是资本主义生产方式的制度效应。资本主义不断积累的过程，就是资本主义积累模式不断调整的过程，金融化与空间化成为风险社会的新特征。由资本逻辑决定的资本主义循环运动的过程，是一个充满矛盾、冲突和不确定性的过程，资本循环的扩展并不能消除资本主义本身所蕴含的矛盾、冲突与风险。与福特制生产方式中激起国家反市场反应的凯恩斯主义浪潮不同，后福特制生产方式的国际分工与全球市场网络的深化，引发了发达国家共谋的风险，全球化背景下国际利益的裂变加大了国内社会风险的累积。这部分以资本逻辑为主线，分析资本积累过程中金融化与空间化对风险的演进和累积，阐释后福特制生产方式下风险社会演化的本质。

（四）当前北京市社会发展面临的主要风险

北京市在打造世界城市的过程中，与世界经济政治的融合与渗透越来越深入，中国模式的创新使北京市的发展在全球跨国资本运动中既有机遇又有风险。这部分将从资本逻辑视域中城市社会风险的生发机理入手，立足北京市社会风险类型和特征，探讨北京市社会风险的成因。

（五）北京市当前社会风险的多元协同治理

城市空间从资本逻辑向人本逻辑的转换，就是要实现城市发展的人本价值归位，就在于透彻地坚持"人本政府"的理念，构建回应公众需求、坚持以社会为导向的城市服务型政府。社会风险的治理要以马克思主义风险理论为指导，树立开放与合作的社会风险治理新思路，提出以政府为主体的风险多元协同治理体系，构建"政府——社会风险治理机制""市场——商业保险、储蓄、投资的风险补偿机制""社会——家庭、社区、民间风险救助机制"三位一体的、系统的、动态的社会风险管理体系。

三、研究方法

（一）逻辑和历史统一的方法

以资本逻辑视域的风险社会发展为主线，顺应资本逻辑的生成、发展、转变与实质，按照马克思主义视域中的风险社会理论提出治理方案；历史地考察风险社会的演化与转变，找到各自在现代阶段的特点，为建立现代跨国资本流动条件下的风险复合治理提供理论借鉴。

（二）抽象和具体统一的方法

马克思主义风险社会理论的研究从最基本的概念"风险"入手，在此前提下对"社会风险""风险社会理论"进行研究，最终形成风险社会治理根本思路的理论系统。在形成资本逻辑视域下的风险社会的一般理论之后，运用该理论分析北京市具体社会风险问题，并提出更为具体的建议和对策。

（三）比较研究的方法

既对西方风险社会理论的分歧进行比较，也对马克思主义与非马克思主义在研究风险社会问题上的不同侧重和成果进行比较；既对传统社会风险和现代社会风险产生、表现及后果的不同进行比较，也对其相应的治理思路进行比较，做出借鉴和取舍。

第三节　研究目标及创新之处

一、研究目标

突破西方风险社会研究范式，从资本逻辑的视角，对马克思主义风险社会理论进行挖掘和梳理，立足马克思对资本进行抽象分析的研究特点，层层剖析马克思主义风险社会理论的生成。

不仅对马克思主义风险社会理论进行抽象分析，同时着眼风险社会的最新动态，联系当代现实，对马克思主义风险社会理论的最新表现和发展动态进行阐释，揭示风险社会演化的本质。

在治理思路上，彻底转变以资本逻辑为主导的风险治理控制思路，实现以人为本逻辑引致的协同治理思路，科学、合理利用资本，实现人的全面自由发展。

二、创新点

（一）对马克思主义的风险社会理论作了理论上的新概括

突破风险的"损失的不确定性"等概念局限，重点凸显风险社会的资本逻辑视角，强调资本流动而引致的现代社会的两歧性及其社会根源；马克思主义风险理论的界定在本书的研究中承担基础的和核心的功能。

（二）恰当运用马克思主义经济学新理论的支持和系统研究的方法

把资本逻辑在现代社会演生的新理论，如空间生产、后福特制生产方式、跨国生产网络等引入对当代社会风险的研究，对合理解释当代社会风险形成原因及应对机制提供了更为有力的支持，增强了研究成果的时代意义和实践意义。

（三）提出了以政府为主体的风险多元协同治理体系

立足北京市社会风险情况，与从风险源、主体及损失的不确定性之间的逻辑关系上寻找社会风险治理路径的控制思路不同，本书认为应该建立以人为本的多元协同治理思路，构建"政府——社会风险治理机制""市场——商业保险、储蓄、投资的风险补偿机制""社会——家庭、社区、民间风险救助机制"三位一体的、系统的、动态的社会风险管理体系。

第二章　风险社会：文献述评

"风险社会"是一个现代性范畴，是自"切尔诺贝利核事故"之后逐步进入公共话语的中心地带的，并被贝克、吉登斯等社会学家标识为现代社会的典型特征；它本质上是"社会风险"在现代性境遇中所凸显出来的当代形态与时代危机。"风险社会"的来临标示了现代的根本特征，揭示出现代性内在的悖论性运动导致对自身的抗拒与反驳。但"风险社会"兴起的更为深远的意义在于开启了审视社会发展方式的新路径，即风险生存不仅成为人之生活实践的根本逻辑，也对社会发展方式产生构成作用。

第一节　国外研究文献

一、理性主义视角：风险的技术取向

最初人们对风险的研究，基本上是一种理性主义视角。在理性主义看来，社会进步的背后有一种超验理性在起作用，构成了进步的根据和动力，相信进步遵循着某种先验的逻辑，向一个终极目标运动，必将导致自然和人类社会的最终完善，以及一种精密的、没有任何缺陷的世界秩序的建立，所有的行为都是最优化的选择。

在理性主义看来，风险与不确定性不同。风险是可测的，不确定性却是不可测的，"在风险中，一组事实中的结果分布是已知的（或是通过事先的计算，或是出自对以往经验的统计），但对于不确定性来说，这一结果是

未知的"。①风险不会为经济行动者提供获取利润的机会,而对不确定性的承担则是经济行动者获取利润的根源。对风险而言,应该从概率和损失性的视角上来检视。风险是遭遇伤害、蒙受损失和发生损害的机会,也就是"负面事件的概率乘以该事件的后果"②。风险是贯穿于社会螺旋式循环过程的内生变量,当期风险是上期累积的"科学"决策的自回归函数。社会风险可以通过目的和手段的理性计算来加以预测、评估和控制。风险所体现出的未来时间指向上的概率大小以及未来结果消极影响的程度均可以通过物理的过程、客观量化的科学方法进行测算,即所谓的风险评估。

因此理性主义视角下的风险概念是一种客观的物理特性,是一种技术取向。这一视角主要是从对"风险"概念的技术学——经济学和自然科学——范式的"理性"判断出发的。风险是一种纯粹的科学概念,具有物质的实体性,能够通过科学的方法进行分析并得到有效的描述、解释、预测和控制,追求个人主义化的风险精算技术。

在风险治理上,理性主义认为应对与规避风险也纯粹是"技术问题",强调风险的可计算性和可补偿性,人们主要是根据概率的理性计算结果来进行风险治理和选择。随着理性的释放和扩张,通过一系列仔细的巧妙的计算方法和测量工具来估算风险造成的损害及其相应的补偿,人们对风险的防御和治理能力无疑得到了最充分体现,在协调的理性规则中,风险技术就成为核心的风险实践活动。在这样的风险治理中,由"理性"召唤出的世界是一个"祛魅"的世界,一个没有自身意义的世界,这个世界没有"目的"(intent)、"意图"(purpose)、"目的地"(destination)。所有的风险治理实践仅仅是为了表明能够施加人类的意愿,所有的风险问题都可以转换成"技术问题",所有的风险治理都可以依靠技术来解决。

风险的技术分析尽管能够提供预期或已然的物理损害和经济损失的科学数据,为相关风险管理部门的治理决策以及相关当事人的行为选择,提供直接的参考依据,保障相关当事人及社会的利益。但是,在日益复杂的风险生产、分配与话语格局之下,由于信息与话语的双重不对称,分析并确认风险的法律与道德责任日益困难,出现一种特别的现代困境,贝克

---

① [美] 弗兰克·H 奈特. 风险、不确定性与利润 [M]. 安佳, 译. 北京: 商务印书馆, 2006: 211.
② [美] 尤金·A 罗莎. 风险的社会放大框架的逻辑结构: 超理论基础与政策含义 [M]// [英] 尼克·皮金. 风险的社会放大. 谭宏凯, 译. 北京: 中国劳动社会保障出版社, 2010: 42.

(Beck)称之为"有组织地不负责任"(organized irresponsibility)。形成这种困境的原因在于,风险社会本身具有的责任主体的"不确定性"特征与模糊的"定义关系",使得"在特定的文化环境中构成风险识别和评估的特定规则、制度和能力"[①]遭到极大削弱。理性主义角度的风险分析,尽管认识到风险评估蕴含的价值负载,但在实际当中往往忽视或者难以兼顾价值意义,因此进行风险评估时,往往容易从"风险认知"滑向"风险现象"。这样,"标准的计算基础——事故、保险和医疗保障的概念等——并不适合这些现代威胁的基本维度。"[②] 因此在风险社会中,"科学和法律制度建立起来的风险计算方法崩溃了。……伴随技术选择能力增长的,是它们的后果的不可计算性。"[③]

所以,风险活动不仅是一个技术范畴,而且涉及社会、文化、政治等各方面的因素,它与主观的价值判断有着必然的关联。奥特维(Otway)认为,"利用形式方法尽可能地达到客观也不会模糊这个事实,对大多数风险而言都重要的是,风险的客观成分里仍然包含一种很强的主观元素。"[④]斯洛维克(Slovic)也认为,"尽管危险是真实的,但风险是社会建构的"。[⑤] 这样,由于"在一些领域,新风险的诸多特征使得通过概率估算获得对风险的充分分析完全不可能。……技术——理性范式的真正危机源自一种分离的社会——政治的发展"。[⑥]

二、建构主义视角:风险的社会建构

建构主义更倾向于把风险视为一种社会建构(social construction),认

---

① [德]乌尔里希·贝克. 世界风险社会[M]. 吴英姿,孙淑敏,译. 南京:南京大学出版社,2004:191.

② [德]乌尔里希·贝克. 风险社会[M]. 何博闻,译. 南京:译林出版社,2004:19.

③ [德]乌尔里希·贝克. 风险社会[M]. 何博闻,译. 南京:译林出版社,2004:19-20.

④ H Otway. Public Wisdom, Expert Fallibility: Toward a Contextual Theory of Risk[M]// S Krimsky, D Golding. Social Theories of Risk. Westport, Conn.: Praeger, 1992: 220.

⑤ P Slovic. Trust, Emotion, Sex, Politics, and Science: Surveying the Risk-assessment Battlefield [J]. Risk Analysis, 1999, (19) 4: 690.

⑥ Jens O Zinn, Peter Taylor-Gooby. Risk as an Interdisciplinary Research Area[M]//P Taylor-Gooby, J O Zinn. Risk in Social Science. Oxford: Oxford University Press, 2006: 25-26.

为风险不仅仅是"工业社会安全推定"[①]的危机和"本体性安全"价值观念的断裂,而且是一种社会形态,强调风险作为现代文明建构的社会复杂性。在他们看来,理性用手术室内无影灯一般的光芒驱除了隐含在宗教信仰、传统伦理道德等中的一切人性的存在,世界风险社会的形成并非由现代性和现代化的失败造成的,而是由它的成功造成的,"风险恰恰是从工具理性秩序的胜利中产生的"。[②]

这种风险认识打破了现代性所依赖的理性逻辑,否认未来是过去、现在的简单线性推理,而是强调由于风险的不可控制或不可预测,而造成的未来与过去的"断裂"。在建构主义看来,风险既是"实在的"(realistic),又是由社会感知和结构"建构起来的"(constructive),不是一种独立于人类主观价值的客观存在。这种观点把风险社会视为一种新的社会形态,风险社会是现代性内部的一种变异,并形成了一种新的现代性——"自反性现代性",即对工业文明的理性基础和不言而喻的合理性的反思,是对理性主义追求的反驳。建构主义把风险问题与人类实践活动建立起勾连,从而也就在理论基点上认可并坚持了风险的历史性。

建构主义视角的研究又分为制度主义和文化主义。制度主义认为风险是一种正在出现的秩序和公共空间,他们将风险界定在一个由制度性的结构所支撑的风险社会中,认为现代性危机深化导致的社会风险,是现代性高度成熟,尤其是现代性制度成熟的副产品和意外后果,他们寄希望于能够在制度失范的风险社会建立起一套有序的制度和规范,增强对风险的预警机制及有效的控制。

制度主义的两个重要代表人物是贝克和吉登斯(Giddens)。贝克认为,风险观念的核心价值在于,"是预测和控制人类活动的未来结果,即激进现代化的各种各样、不可预料的后果的现代手段,是一种拓殖未来(制度化)的企图,一种认识的图谱"。[③] 贝克不仅批评了理性主义,同时构造了自己

[①] [德] 乌尔里希·贝克,[英] 安东尼·吉登斯,斯科特·拉什. 自反性现代化 [M]. 赵文书,译. 北京:商务印书馆,2001:17.

[②] [德] 乌尔里希·贝克,[英] 安东尼·吉登斯,斯科特·拉什. 自反性现代化 [M]. 赵文书,译. 北京:商务印书馆,2001:13.

[③] [德] 乌尔里希·贝克. 世界风险社会 [M]. 吴英姿,孙淑敏,译. 南京:南京大学出版社,2004:4.

理解的风险社会,他认为:"必须看到,风险绝不是具体的物;它是一种'构想',是一种社会定义。"① 在他看来,工业社会通过自身的再生产,系统地生产了它自己的危机和对自身的质疑,使整个社会处于现代科技理性与社会理性之间的断裂中。并且,风险生产—分配的逻辑已经上升为"第二次现代性",是全球化时代的主要特征,甚至这种风险生产—分配的逻辑已经成为政治分化和社会分层的标志。吉登斯则将现代社会称为"失控的世界"(runaway world),隐喻当代社会风险不再是传统社会风险那样一种局部性、个体性、自然性的外部风险,而是一种全球性、社会性、人为性的结构风险,是现代性结构变异过程中的增量或者说副产品。他认为,资本主义、工业主义、监督机器和军事力量等四个方面是理解现代性的制度性维度。在他看来,随着时间—空间分离以及专家系统和象征标志成为一种脱域机制,风险社会使得我们所处的这个世界"并没有越来越受到我们的控制,而似乎是不受我们的控制,成了一个失控的世界"。②

在风险治理的现实应对体制层面,制度主义主张通过多边主义方法改进工业社会理性控制工具的思想。贝克提出了"生态民主政治"的方案构想,认为它彰显了一种"负责任的现代性"——第二现代,提出解决风险问题的主力不是依靠民族国家,而是依靠环保组织等非政府组织及其环保运动,提出了"世界主义"的构想,将希望寄托于工会运动、绿色和平运动、全球性的贫民社会运动、世界主义政党等越来越多的非政府组织和运动,以及他们越来越广泛地影响世界社会的交往上。贝克确信,全球相互依存的态势开启了一个新的社会组织和政治关系的新空间,预示着一种"世界治理"的新的综合系统的形成,这种治理在全球化时代已不再通过民族国家的陈旧形式来实现,而是通过跨国家合作的方式来达成。相比较贝克的乐观精神,吉登斯在风险治理上,反对实用主义地接受现实、持久的乐观主义、犬儒式的悲观主义这三种适应性反应,坚持应采取激进的卷入式反应,即相信我们能够而且应该动员起来以降低风险的影响甚至战胜风险。并且根据他分析风险社会的四个制度维度,提出了应对风险社会的具体治理措施——超越匮乏型体系、技术的人道化、多层次的民主参与和非军事

---

① [德] 乌尔里希·贝克,威廉姆斯. 关于风险社会的对话 [M]//薛晓源,周战超. 全球化与风险社会. 北京:社会科学文献出版社,2005:12.
② [英] 安东尼·吉登斯. 失控的世界 [M]. 周红云,译. 南昌:江西人民出版社,2001:3.

化。①显然，这也是一种改良主义的"现代化反思"。

与制度主义强调制度建构不同，文化主义则认为，制度主义存在用一种制度结构替代另一种制度结构来应对当代失去结构意义的风险的缺陷，当代社会的风险实际上并没有增加，也没有加剧，仅仅是被察觉、被意识到的风险增多和加剧了。风险在当代的突显是一种文化现象，是一种认知，而不是一种社会秩序。风险依存于非制度性的和反制度性的社会状态，其传播不是依靠程序性的规则和规范，而是依靠其实质意义上的价值。

文化主义主张通过构建不同的文化形式，来预测企业和团体的风险反应，从而进行风险治理。认为风险社会的核心是风险文化，突出文化的认知功能，强调共享文化价值观、惯例和期望对于应对风险的积极意义，主张通过带有象征意义的理念和信仰来实现风险文化对社会成员的治理，更具体地通过"阶层/团体"分析图式提供一套可量化团体聚合度与阶层鲜明度的风险管理方法。

无论是制度主义还是文化主义，都强调尽管风险具有客观依据，但必然都是通过社会形成的，是"集体建构物"，是一个社会过程。风险社会的建构主张，体现了人们对"风险问题"的认识已经从最初的"理性关注"提升到了一种系统的"理论自觉"。

三、现实主义视角：风险的社会放大

尽管建构主义将社会因素考虑了进来，但是其宏大叙事的话语——思维方式将社会风险作为一个整体进行评价，实际上忽略了人类社会中不同群体的反应与利益差异，掩盖了价值主张与利益博弈主体的多元化与多样性，致使风险产生过程的风险反应与风险传递效应并不明确。不同客体对风险的感知是不同的，正如信息和话语的不对称导致价值评估社会因素的缺失，不同利益主体对风险的认知是不同的，不同的信息机制对风险的传播也是不同的。就某一具体的风险事件而言，"即使当专家们达成一致的时候，个人也经常展示出其对风险的感知与专家们的感知存在系统的差

---

① ［英］安东尼·吉登斯. 现代性的后果［M］. 田禾，译. 南京：译林出版社，2000：143.

异。"①这就是为什么有些相对较小的风险或风险事件,正如技术专家所鉴定的,却通常引起公众广泛的关注,并对社会和经济产生重大影响;而有些相对较大的风险或风险事件,经过风险信息处理和信息过滤以及社会的习惯性冷漠认知或较低的公众接受度,却成为隐藏型灾难。因此,近来的研究逐渐从话语模式与规范伦理的建构主义理论导向,转向具体的风险问题与事件及其利益相关群体之间的现实主义的分析与治理。

和建构主义对风险的认识不同,现实主义的研究主要是将风险的技术评估、风险感知和风险相关行为的心理学、社会学研究以及文化视角系统地联系起来进行研究。现实主义的分析主要反映在风险的社会放大框架(Social Amplification of Risk Framework,SARF)这一最新研究趋势中,这一框架以有针对性的细致的微观案例,通过对风险的信息传递机制以及社会的反应机制而产生的"涟漪效应",深入探索影响公众风险感知和行为被强化或减弱的系统因素和风险放大的效应研究。SARF 确定了发生于风险事件及其后果之间的中介的类别,并且表明了一种因果和时间的序列。赫费(Hoffe)认为,这种研究"不需要任何最终的证明,而是一种论证的程序性的商讨,它的主要任务不是形成'原理'而是就众多的'诊断'中进行'权衡'和'决疑'"。②雷恩(Renn)也认为风险研究应该以具体实务内容为载体,从事实与价值相兼容的角度来理解,"应该平衡收益、机会与成本、风险的关系,平衡赞成者和反对者的要求"。③因此,SARF 相对于过去对风险的"碎片化认识"④,提供了一个描述和组织相关现象、探索和整合风险感知与沟通中相互抵触的理论之间的关系,以及建立有关风险信号社会过程的新假设的有益分析工具。需要指出的是,风险的放大并不只有一个向度,风险放大的形成过程可以是放大(amplification),也可以是

---

① [英] 谢尔顿·克里姆斯基,多米尼克·戈尔丁. 风险的社会理论学说 [M]. 徐元玲,等译. 北京:北京出版社,2005:350.

② [德] 奥特弗利德·赫费. 作为现代化之代价的道德 [M]. 邓安庆,朱更生,译. 上海:上海世纪出版集团,2005:8.

③ Ortwin Renn. Risk Governance: Combining Facts and Values in Risk Management [M]//Hans-Jürgen Bischoff. Risks in Modern Society. Berlin and Heidelberg: Springer,2008:61.

④ Feanne X Kasperson,Roger E Kasperson,Nick Pidgeon,Paul Slovic. The Social Amplification of Risk: Assessing Fifteen Years of Research and Theory [M]//Nick F Pidgeon,Roger E Kasperson,Paul Slovic. The Social Amplification of Risk. Cambridge;New York:Cambridge University Press,2003:13.

衰减（attenuation）风险对社会造成的负担。风险的放大和缩小不是相互排斥的，风险是被放大还是缩小取决于社会情境。

现实主义视角下的风险概念依然围绕概率展开，但是现实主义视角下的风险概率与理性主义视角下的风险概率已经完全不同。在整个风险实务当中，风险概率不仅是技术问题，还涉及风险决策的政治问题、风险感知的心理问题、风险信息沟通的社会问题、风险行为选择的文化问题等。概率内涵的转变代表着风险概率的纯技术分析走向技术与社会分析相融合。

因此在风险治理上，现实主义既吸收理性主义的量化研究，又考虑到建构主义的质性研究，采用获取资料和鉴别关系的综合的、多向度的研究方法，对风险放大现象的解释更多地考虑到了社会文化制度因素，而不是从内部认知的角度一味地关注个体对风险信息的"歪曲"。质性的风险分析相对于量化的风险分析，优势反映在它能够随着情境的变化吸纳更多的相关因素进行综合考量，表现出灵活的"情境适应性"以及"知识的联系性"，带来完全不同的分析思路和管理实践。这样，质性研究成为指导量化分析的一种可检验假设的资源，进而提高风险评估、风险沟通与风险管理的有效性。

现实主义的大量经验研究，确立了微观研究和宏观解释相结合的研究模式，为人们将文化变量、心理变量、政治变量等融合到技术的风险理论研究中提供了证据，表明社会变量的影响可在风险社会建构中相对操作化，有助于研究实践和理论探索的衔接。但是现实主义也受到一些学者的批评，认为 SARF 仅仅是一个框架，本身并不是一种理论，一个理论需要概念的阐明——将抽象的或不精确的概念转化为精确的、可检验的概念的相应规则的运用。[①] 正像雷纳（Rayner）指出的，SARF 像是一个理论，其实是一种隐喻，"隐喻和理论的不同之处就在于，隐喻只是描述现象，而理论则提供逻辑蕴含"。[②] 在他看来，SARF 并没有提供有预测力的清晰的概念和逻辑，要使这一框架具有预测力并有助于形成特定的有效的风险治理措施，有必要提出一些新的分析概念。同时，现实主义借鉴和运用复杂性科学倡

---

① Gary E Machlis, Eugene A Rosa. Desired Risk: Broadening the Social Amplification of Risk Framework [J]. Risk Analysis, 1990,（10）1: 161–168.

② Steve Rayner. Muddling Through Metaphors to Maturity: A Commentary on Kasperson et al., The Social Amplification of Risk [J]. Risk Analysis, 1988,（8）2: 201.

导"策略优于程序"的原则,注重复杂性背景,以复杂的理性主义理论代替简单的理性主义,然而,根据"哥德尔不完备定理",任何新建立的系统又有其自身的缺陷,这种对问题的解决方案依然是不彻底的。况且由于风险研究中涉及心理、经济、政治、传播等很多因素,有些概念很难操作化,SARF 框架本身也没有明确地给出各因素之间的相互作用的机制,结构太过庞杂,实证研究的依据并不充分。

第二节 国内研究文献

一、针对西方风险社会理论的评介研究

国内学者对风险社会的认识,始于西方风险社会理论,翻译和出版了一些西方风险社会理论著作,揭示了植根于我们主流社会体制的思想过程、决策规则和行政实践中风险发生的方式,对于正确理解和应对后工业社会的科技发展和生态冲突的副作用很有必要,为我国研究风险社会理论奠定了良好的基础。很多学者对贝克、吉登斯等人的风险社会理论进行了述评,认为,"风险社会观已成为西方政治学和社会学领域富有生命力的理论范畴"[1],其中,贝克是风险社会理论的主要创始人,"在所有对风险社会的研究中,贝克是最有代表性的学者。"[2]

这些研究使我们对当代资本主义社会的风险问题和危机管理问题具有了深入的了解,综合起来可以看到一个关于资本主义社会风险和危机问题的全景图。[3] 因此,针对西方风险社会理论的评价研究,对风险社会理论作出了较为全面的介绍,并作出了客观评价,认为虽然风险社会理论有一定的局限性,但是风险社会理论的主要贡献是让人们利用其关于风险、灾

---

[1] 杨玲玲,孟鑫. 对西方左翼研究当代资本主义风险社会问题成果的分析 [J]. 毛泽东邓小平理论研究,2013 (6): 81.
[2] 周战超. 当代西方风险社会理论引述 [J]. 马克思主义与现实,2003 (3): 53.
[3] 章国锋. 反思的现代化与风险社会——乌尔里希·贝克对西方现代化理论的研究 [J]. 马克思主义与现实,2006 (1): 130-135; 徐岿然. 复杂实践情景中理性的多维渗透与自反——论贝克和吉登斯社会学自反性观念的哲学意义 [J]. 哲学动态,2009 (6): 62-67; 宋友文. 自反性现代化及其政治转型——贝克风险社会理论的哲学解读 [J]. 山东社会科学,2014 (3): 21-25.

害和社会思想的分析重建现代性理论，为进一步广泛深入地研究风险社会开辟广阔空间。

二、植根风险社会情境的方法论研究

对西方学者的介绍，极大丰富了对风险社会的理论视野，虽然视角多元，理论丰富，但是这些西方学者"未能揭示风险社会的历史根源、展现其未来趋势，未能揭示风险社会与人类实践，特别是剥削阶级生产方式之间的深层关联"。[①]这种研究仅仅是在自我反思的窠臼中愤懑挣扎，在自我改良的道路上寻找未来的渺茫曙光而已，因此，很多学者试图转变研究范式，从方法论角度对风险社会进行分析，深入剖析风险社会的产生根源。

研究范式的选择本身就是一个认识论问题，有学者从学科交叉的视角和学术的国际对话视角展开研究，认为社会风险研究是一个从社会风险到公共危机以及从现实主义到建构主义的"连续统"，并以此为维度演生出四种研究范式：现实主义—社会风险、建构主义—社会风险、建构主义—公共危机、现实主义—公共危机。[②]有学者从存在论的角度解释风险，认为"风险是人的存在方式，哲学存在论是理解风险的必要视角。"[③] 面对无法消除和不能完全控制的不确定性，人是必然要"历险"和"涉险"的。

如果说前两种视角是以风险社会为对象的社会叙事，那么把风险社会理论与历史唯物主义观念结合起来，建构历史唯物主义风险社会理论则具有深刻性。这种观点认为，历史唯物主义为研究风险社会打开了一扇窗户，通过历史唯物主义视野，风险社会的根源及其表现都能得到清晰地显现。[④]而从历史唯物主义角度对风险社会理论的这一挑战做出应答，也是历史唯物主义当代出场的题中之意。风险社会的根源不是科技理性的滥觞，而在

[①] 钟君. 风险社会的历史唯物主义分析 [J]. 马克思主义研究. 2014（4）：90.

[②] 张海波. 社会风险研究的范式 [J]. 南京大学学报（哲学·人文科学·社会科学版），2007（2）：136-144.

[③] 郭洪水，朱葆伟. 风险的哲学存在论分析——兼论当代风险社会的生成逻辑 [J]. 科学技术哲学研究，2013（3）：99.

[④] 钟君. 风险社会的历史唯物主义分析 [J]. 马克思主义研究，2014（4）：90-98；庄友刚. 风险范式与历史唯物主义的当代出场 [J]. 山东社会科学，2008（5）：11-16+21；潘斌. 社会风险研究：时代危机的哲学反思 [J]. 哲学研究，2012（8）：16-18.

于其背后的资本躁动和资本矛盾本性的积累。风险社会根源于对资本增值无限扩张的资本主义生产方式。"只有在历史唯物主义基础上,重建人与自然、人与社会和人与人的新型关系,才可能真正从根源上规避和防止全球性风险的扩大与蔓延,有助于现代文明彻底走出危机丛生的困局。"①

三、面向中国社会风险的治理研究

除了在方法论上对风险社会进行解读,在面对现实生活中的环境污染、能源枯竭、贫富差距、金融危机与精神异化等不断凸显的风险问题,人们也希望通过风险社会的框架对此进行合理的解释。因此,不少学者将风险社会理论这样一个新的研究视角,引入当前我们现代化发展的实践中,探讨我国现代化发展中的社会风险问题。这方面的研究又包括以下两个方面:

一是对于社会风险的整体性认识。关于这方面,学者们普遍认为,在中国社会主义市场经济的构建中,社会资源重新分配,社会阶层重新洗牌,社会分配两极分化,利益格局纷繁复杂,从而引发多重社会风险。②中国现如今存在的各种风险,原因在于中国社会发展滞后于经济发展,即存在GDP崇拜、社会失范和社会保障制度的碎片化以及由于社会阶层的分化而导致的中国二元社会结构的断裂倾向。③除了内生风险因素,也有外生风险因素,"是一个现代性因素逐渐嵌入中国并在这片文化土壤中生长壮大的过程"④。他们并将中国现代风险的演生过程划分为三个阶段,从风险来源、风险主体/对象、风险话语、风险治理、风险的领域和边界五个方面,对这三个阶段进行比较。⑤

---

① 崔伟奇. 论风险观念的价值哲学基础 [J]. 哲学研究, 2012 (2): 97.
② 贾英健. 风险意识与中国现代性构建 [J]. 理论学刊, 2015 (11): 75 – 82;刘岩. 风险社会理论新探 [M]. 北京:中国社会科学出版社, 2008.
③ 杨雪冬. 风险社会与秩序重建 [M]. 北京:社会科学文献出版社, 2011;钟君. 当前中国的社会风险外壳初探 [J]. 国家行政学院学报, 2014 (4): 59 – 63;冯必扬. 社会风险:视角、内涵与成因 [J]. 天津社会科学, 2004 (2): 74 – 77;熊光清. 当前中国社会风险形成的原因及其基本对策 [J]. 教学与研究, 2006 (7): 17 – 22.
④ 贾英健. 风险意识与中国现代性构建 [J]. 理论学刊, 2015 (11): 80.
⑤ 杨雪冬. 改革路径、风险状态与和谐社会治理 [J]. 马克思主义与现实, 2007 (1): 17 – 24.

二是针对具体风险事件的应对策略研究。很多学者认为宏大叙事的研究缺乏具体案例，说服力不强，因此，侧重以某个案例为切入点，来挖掘案例背后的具体制度构建与如何实现制度的合理化。例如，以阜阳劣质奶粉事件为例，分析社会性风险事件在新闻媒体、政府、企业等风险放大站的作用下被加强或者衰减的作用机制①；以 2003 年"非典"疫情至 2013 年"芦山地震"十年间的重大灾害为研究对象，把应急管理的一般规律和中国情境结合起来，借助中国经济社会发展运行的十年政策周期为时间窗口，以"系统思维"审视中国应急管理的结构要素及其关系变化，旨在阐明中国应急管理的总体特征、演进规律以及今后发展的趋向和动力②；基于中国统计年鉴和相关文献提供的数据，具体计算了1993—2004 年间的社会转型风险指数，发现这期间社会风险的平均增长速度快于经济增长③；专门就城市社会风险进行系统论述，认为其可能造成潜在的多方面危害，会导致市民的"存在性焦虑"，也可能诱发局部性社会冲突，进而产生社会政治危机。④

四、结合全球风险社会的构想研究

国内学者在对中国风险问题方面进行深耕的过程中，也意识到全球化已经把中国和世界牢牢地联系在一起，中国的风险问题有部分原因是全球风险造成的，因此对全球风险社会的研究也就成为必然。这方面研究的着眼点是对全球风险社会进行剖析，认为急剧扩散的全球性风险是现代社会面临的重大挑战，在经济全球化的背景下，应以世界风险为契机，通过社

---

① 张乐，童星. 加强与衰减：风险的社会放大机制探析——以安徽阜阳劣质奶粉事件为例[J]. 人文杂志，2008（5）：178 – 182.
② 张海波，童星. 中国应急管理结构变化及理论概化[J]. 中国社会科学，2015（3）：58 – 84；206.
③ 胡鞍钢，王磊. 社会转型风险的衡量方法与经验研究（1993—2004 年）[J]. 管理世界，2006（6）：45 – 54.
④ 陈进华. 中国城市风险化：空间与治理 [J]. 中国社会科学，2017（8）：43 – 60；周利敏. 韧性城市：风险治理及指标建构——兼论国际案例 [J]. 北京行政学院学报，2016（2）：13 – 20；李友梅. 城市发展周期与特大型城市风险的系统治理 [J]. 探索与争鸣，2015（3）：19 – 20；胡小武. 新常态下的城市风险规避与治理范式变革 [J]. 上海城市管理，2015（4）：10 – 15.

会理性的重建，为现代性赋予普遍正义。① 对全球风险社会研究的落脚点则是全球风险治理，认为"随着公共的扩展，任何单个治理机制都无法应对全球化时代的风险，因此需要建立起新的治理机制"②，即复合治理。面对目前的治理现状，为了防止全球经济治理进一步碎片化的风险，需要重新构想"面向21世纪"的国际经济新秩序，③并对提出构建人类命运共同体的中国方案进行深入解读。④

第三节 风险社会及其治理研究的简要评价和超越

目前的国内外研究对风险社会理论提供了有力和深入的参考价值，与一般的后现代思潮对现代性一味地批判、否定或解构不同，风险社会的研究域场，倡导了一种更为积极也更为现实的研究方向，即不仅揭示了植根于世界主流社会体制的思想过程、决策规则和治理实践中各种风险冲突发生的表征，更重要的是，通过对科技工具理性、消费主义的追溯，对占统治地位的福特主义生活方式、生产方式的无限扩张的反思，在此基础上确立了一种面向未来的新型现代化。这种研究路向无疑是深刻的。

尽管目前当代西方风险社会理论的各种解说，无论是理性主义、建构主义，还是现实主义的风险社会放大理论，以及以后现代主义哲学为基础的后马克思主义以小叙事的"崭新"视角，都不断问诊当代资本主义和社会主义的各种未被预见的突发风险问题。然而，所有这些思想都无法从理论及其治理方式上提出令人信服的框架。

随着资本市场的不断全球化，金融化经济的全球拓展，合作主义政治的去合法化和瓦解，制造业和传统工业阶级的衰落，文化的不断分裂，以及国家财政危机和全球金融风险，这些过程从诸多方面威胁着已经稳定的有组织的风险管理网络。风险的层出不穷使人对现行社会风险理论产生疑

---

① 范如国. "全球风险社会"治理：复杂性范式与中国参与[J]. 中国社会科学, 2017（2）：65-83+206；张广利，黄成亮. 世界风险社会启蒙及反思与批判[J]. 广西社会科学, 2015（10）：156-161.
② 杨雪冬. 全球化、风险社会与复合治理[J]. 马克思主义与现实, 2004（4）：75.
③ 桑百川，王伟. 全球经济治理体系变革与碎片化风险防范[J]. 国际贸易, 2017（12）：4-8.
④ 吴增礼. "全球风险社会"治理的中国智慧与构想：走向人类命运共同体[J]. 南京社会科学, 2018（8）：9-14.

问,这是一个事实,还是仅仅是人的感知?风险产生的根本原因到底是什么?风险作为一种社会形态,人的风险驾驭能力和风险治理水平应该如何体现?如何找到一种行之有效的风险治理路径呢?

本书认为,只有资本逻辑导向的风险分析才能深刻揭示生产方式的内在对抗性矛盾和现代风险发展的历史趋势。现代风险实质上体现了现代生产方式的根本性危机,现代风险是由现代生产方式"生产"出来的,它也作为"保险"等形式被彻底商品化和纳入消费模式之中。对现代性而言,最根本的社会问题是资本问题,是资本"作为吸收和占有社会劳动生产力和一般社会生产力(如科学)的力量(作为这些生产力的人格化)"[①],处在垄断一切经济增长及社会发展的地位上的作用使然。货币一旦转化为资本,资本增殖的本性,会使资本成为一种强制性的客观扩张力量。这种力量迫使资本不断把社会生活的各种要素——人力、自然资源、财力、国家制度法规,甚至人们的文化、价值观念等诸多方面都吸收到资本运行体系之中。由于资本无止境的增殖本质及其唯一能实现这种本质的条件,驱使着生产力的片面发展,生产关系也随之扭曲,从而破坏了生产力与生产关系的正态关系。以资本为核心的现代生产方式,从根本上割裂了人与自然的关系,扭曲了人与社会和人与人的关系。最根本的社会风险是资本风险,生态、环境、文化、知识等风险在现代性语境下都从属于资本问题。事实上,贝克也承认,"社会财富的不平等分配给风险的生产提供了无法攻破的防护墙和正当理由"。[②]

尤其是,随着全球化的到来,资本逻辑的全球空间拓展而引发的全球性风险以及风险转嫁,绑架了全球几乎所有国家。风险往往超越国家边界,空间地域的渗透力越来越强,辐射面越来越广。资本通过"向外扩张"与"向内吸收"相互结合的方式来形塑全球经济社会。资本逻辑主导的经济空间取代自然空间,成为人们经济活动的主导介质。经济空间作为资本对空间再辖域化的媒介,在某种程度上形成对政治权力的替代以及对地方话语权的忽略,资本带来的权利和应承担的风险责任严重失衡。贝克等风险研究者的一个重大缺陷,正是忽视了风险社会与资本社会的内在关联。真实

---

① 马克思,恩格斯. 马克思恩格斯全集(第 26 卷,第 1 册)[M]. 北京:人民出版社,1972:422.
② [德] 乌尔里希·贝克. 风险社会[M]. 何博闻,译. 南京:译林出版社,2004:50.

世界还是一个以资本逻辑为主导、新自由主义范式引导的现实，在这种经济范式中，"通过不同的机制，每一种体制（有组织的、新自由主义的以及仪式化的风险管理体制，作者注）所生产的风险都比它所消除和控制的风险更多"①。更重要的是，在全球中心—边缘的格局下，"新自由主义议程所推动的结构调整政策对边缘国家和边缘人口产生了毁灭性的影响"②，一些地区发生的经济危机、金融影响、赤字恶化、产业失衡、有毒污染、石油溢出和辐射废料储存等风险，事实上是发达国家的资本全球逐利导致并加深的。资本逻辑引导的风险，增加了风险的来源，放大了风险对不同地区尤其是边缘国家的影响和潜在后果。即使目前各国政府干预增强，也仅仅是新自由主义的不同发展阶段——后新自由主义，发达国家主导的后新自由主义通过"时空修复"，继续充当指导国内经济政策的理论和服务于国际经济霸权的工具。

因此，风险社会的治理，需要摒弃乌托邦式的梦想和美好奢望，放弃改良主义，应该从资本问题入手，根除资本的逻辑，实现人与自然科学的统一，实现人的全面自由发展。风险社会的治理与和谐社会的构建本质上是同一社会发展进程的一体两面，最终目的都是促进人的本质的全面实现与社会的可持续发展。中国融入经济全球化的过程也是中国融入风险社会的过程，作为发展中国家，更要从马克思主义资本逻辑的视角来审视社会风险、规范风险治理。

处于社会转型时期的中国，社会结构的剧烈变动、社会关系的分化整合所产生的更不容易预测和处置的过程性风险，和由既定的相对稳定的社会结构所产生的结构性风险比较而言，更具有"多重复合性"特征，各种领域、各种形态的社会风险可能相互渗透、相互纠结，每一种时态风险都有向其他时态风险转化和发展的可能性。在很大程度上，中国社会风险的复杂性、异质性和严重性超出欧美等先发工业化国家的经验。所以，既要把中国纳入全球资本流动的整体主义视野中，根植于资本逻辑引导的空间非均衡发展差异样态以及跨国公司主导的以追求更大弹性为目标的全球生产网络的重塑中，分析后福特制生产方式下跨国资本对全球社会风险的影

---

① [澳] 斯蒂夫·克鲁克. 风险的秩序化 [J]. 穆易, 译. 马克思主义与现实, 2004 (4): 93.
② [美] 布伦特·K 马歇尔. 全球化、环境退化与贝克的风险社会 [J]. 周战超, 译. 马克思主义与现实, 2005 (5): 103.

响以及本土政府的应对策略，又要针对中国的具体情况，分析现实中的"多重复合风险"，进行"多元复合治理"，通过科学发展观的贯彻落实，把人与资本颠倒的关系再颠倒过来——不是资本来支配人，而是以人为本。建立公有资本为主导，私有资本成为有益补充的资本格局，将资本纳入"以人为本"的轨道，协调资本有效利用和人的全面发展的关系，以人的发展统领经济和社会发展，使经济发展的结果与社会发展的目标相统一。

第三章 马克思主义风险社会理论

风险作为一种现代性批判的元素符码和公共话语基质，早已包含在马克思主义对资本逻辑的批判中。与其他的研究范式从认知策略和经验研究出发不同，马克思主义视角下的风险社会理论研究，把对风险社会的研究放入资本逻辑在资本主义生产方式中的发育、演进、变迁中来分析，注重理论性和实践性的统一。因此，挖掘、梳理马克思主义视域下的风险理论，具有重要的理论意义和现实意义。

第一节 风险意蕴维度

"风险"，作为一种不确定性的状态，是一个内涵丰富、边界宽泛、非常富有弹性的一个概念。它可以在不同的学科或话语体系中彼此独立地运用，因而对其的解读，不能仅仅从字面上进行空洞的概念演绎。马克思主义视域下的风险意蕴解读表现为以下三个维度。

一、风险根植于实践二重性

风险概念作为人类认识之网上的一个思维纽结，马克思主义是立足于实践维度来解释和说明的。实践作为人类生存和发展的基本方式，是人类能动地改造和探索现实世界的社会性的客观物质活动，是实践主体依据实践目的，凭借自身的条件和能力，运用实践手段，作用于实践客体，产生实践结果——"对象化"或"物化"实践的过程。"这种活动、这种连续不断的感性劳动和创造、这种生产，正是整个现存的感性世界的基础。"① 一方面，人类实践活动能够促进社会发展和文明进步，另一方面，实践活动的主体能动性和客观制约性又构成了人类存在方式的内在矛盾，包括人与自然、人与社会以及人与自我等的相互冲突和矛盾。正是由于现代实践本身的两重化与矛盾性使得社会风险成为社会发展过程中的一种内在品质。"遭受生产过程的风险，遭受自己的失败，——这是任何生产过程都会遭受的风险，而不管这个过程具有何种社会形式。"② 只要是人类的实践活动，就会产生风险。当人们意识到利用一些不确定性寻找获利的机会，或者自身的实践活动有可能给自己目标的达成造成负面影响、妨害自身的生存状态和未来发展，并试图做出具体调整或改变的时候，人们实际上就在使用风险这个概念。风险是一种客观存在，根植于实践二重性，同时实践的二重性导致了风险也具有二重性：一方面，风险是社会进步和创新的动力源泉，另一方面，风险具有一定的危害性。进一步地，在实践视角的审视下，人类社会就是一个不断超越风险、不断超越现存、不断重新创造自身和自己的世界的开放性场域。

二、风险是一种历史性存在

任何社会现象都是一种历史存在，在马克思看来，"是把经济的社会形态的发展理解为一种自然史的过程。不管个人在主观上怎样超脱各种关系，他在社会意义上总是这些关系的产物"③。马克思所有的思想视野都蕴含在对现实历史的具体分析和批判之中，马克思主义经济学所分析的风险是历史的、现实的，即处在一定生产关系中的风险，马克思主义总是从一定的社会经济时期或一定的历史阶段来研究风险问题，风险具有历史维度，认为只有这样才能从该社会的内部结构和发展规律中理解风险状况。

在《政治经济学批判（1861—1863 年手稿）》中，马克思以棉商为例，描述了用纱锭和棉花制成纱的纯粹生产过程的风险，以及把纱卖出去再变

---

① 马克思，恩格斯. 马克思恩格斯文集（第 1 卷）[M]. 北京：人民出版社，2009：529.
② 马克思，恩格斯. 马克思恩格斯全集（第 49 卷）[M]. 北京：人民出版社，1982：305.
③ 马克思，恩格斯. 马克思恩格斯文集（第 5 卷）[M]. 北京：人民出版社，2009：10.

成货币的整个循环过程的风险。确实,在这样一个生产过程中,资本家要面对很多困难和风险,"对于这种辛苦、风险和时间,工人难道不该向资本家支付一笔报酬吗?因而,工人得到的产品份额难道不该比在其他情况下应得到的产品份额少一些吗?"①然而,这样一种一般意义上而言的生产过程中的风险概念,存在、适用于一切社会的风险内涵并不能揭示特定社会的本质,因此,一般意义上的风险概念"……并不是资本主义生产过程所特有的东西"②。"这种风险显然在决定剩余收益方面不起任何作用,因为剩余价值的创造,不会由于资本在实现这种剩余价值时遇到风险而有所增加和成为可能,——就是资本不能通过流通的各个阶段或停滞在其中某一阶段的那种危险。"③马克思主义认为,社会历史进程中的风险景观或风险状态是社会内部基本矛盾辩证运动过程中的一种特殊体现,是特定社会复杂社会关系筑模的具体影像。对社会发展中的风险问题的分析,不能表象化和泛化,而必须深入特定社会发展阶段中的具体矛盾和结构中具体分析,进而认识风险演化的必然性和规律。

三、风险的动态性

在《政治经济学批判(1857—1858年手稿)》中,马克思从人与自然、人与社会、人与人的关系出发把人类社会发展过程划分为三种形态:"人的依赖关系(起初完全是自然发生的),是最初的社会形式,在这种形式下,人的生产能力只是在狭小的范围内和孤立的地点上发展着。以物的依赖性为基础的人的独立性,是第二大形式,在这种形式下,才形成普遍的社会物质变换、全面的关系、多方面的需要以及全面的能力的体系。建立在个人全面发展和他们共同的、社会的生产能力成为从属于他们的社会财富这一基础上的自由个性,是第三个阶段。第二个阶段为第三个阶段创造条件。因此,家长制的、古代的(以及封建的)状态随着商业、奢侈、货币、交

---

① 马克思,恩格斯. 马克思恩格斯全集(第33卷)[M]. 北京:人民出版社,2004:383.
② 马克思,恩格斯. 马克思恩格斯文集(第8卷)[M]. 北京:人民出版社,2009:465.
③ 马克思,恩格斯. 马克思恩格斯全集(第31卷)[M]. 北京:人民出版社,1998:119.

换价值的发展而没落下去,现代社会则随着这些东西同步发展起来。"① 在这三种社会形态中,随着人类生活与实践活动的日益深化,风险在规模、程度、类型与应对方式等方面也发生了深刻的变革,风险随人类实践发展而不断改变着形式和内容。

因此动态维度同样是解读马克思主义视域下风险意蕴的重要方面。人类在不同的社会历史结构中,风险的表现形态和内在规律都有所不同,风险与社会生产力的发展、科技的进步相适应并呈现出动态变迁的趋势,风险的广度和深度都会发生根本性的变化。人类早期的风险表现形态主要是一种自然风险,随着科技进步与实践活动的深入,人与自然、人与自我的异化不断加剧,风险渗入社会生活的方方面面,现代性的风险社会油然而生。当资本"不断扩大产品销路的需要,驱使资产阶级奔走于全球各地。它必须到处落户,到处开发,到处建立联系"② 时,资本主义生产方式在全球的扩张,使资本主义社会痼疾转化成全球矛盾与风险。风险不仅表现为从偶然、个别、区域性风险转向常态、普遍、全球性风险,从物质利益风险转向道德风险、文化风险等非物质风险,从单一风险主体转向多重风险主体,而且表现为从单一风险后果转向系统性风险后果,风险治理也从简单应对方式转向复合应对方式。

第二节　风险社会的演生及其运行

对风险社会运行机理的解读,按照马克思的看法,只能在资本主义社会这个特定社会环境中分析。在马克思看来,资本主义生产过程"部分地取决于随着资本主义生产而出现的劳动连续性。然而部分地也取决于外部的不能控制的偶然情况。就这一点而言,加入生产过程的价值会随着每一生产过程而遇到风险,但是(1)这些价值在生产过程之外也会遭受风险,(2)这种风险每一种生产过程都会遇到,不仅资本的生产过程才会遇到"。③ 正如生产过程有一般和特殊两种意义一样,马克思主要研究的是

---

① 马克思,恩格斯. 马克思恩格斯文集(第8卷)[M]. 北京:人民出版社,2009:52.
② 马克思,恩格斯. 马克思恩格斯文集(第2卷)[M]. 北京:人民出版社,2009:35.
③ 马克思,恩格斯. 马克思恩格斯文集(第8卷)[M]. 北京:人民出版社,2009:465.

"资本主义生产方式以及和它相适应的生产关系和交换关系"①,因而这里风险演生及其运行的机理也是针对资本主义生产过程而言的。

一、风险社会产生的源泉

在资本主义社会,"生产的不断变革,一切社会状况不停的动荡,永远的不安定和变动,这就是资产阶级时代不同于过去一切时代的地方。一切固定的僵化的关系以及与之相适应的素被尊崇的观念和见解都被消除了,一切新形成的关系等不到固定下来就陈旧了。一切等级的和固定的东西都烟消云散了,一切神圣的东西都被亵渎了。人们终于不得不用冷静的眼光来看他们的生活地位、他们的相互关系"。②资本主义的快速发展源于对利润的追求、资本增殖的需要,资本实现了对社会生活的全面宰制,"资本是资产阶级社会的支配一切的经济权力"。③

在对资本的追逐中,风险随之发生并演化成与资本如影随形的系统体系。资本本身就意味着风险。资本是价值形式发展的产物,是能够带来剩余价值的价值,资本本身的逻辑使其成为支配社会资源配置、社会再生产、财富分配并使整个社会组织异化为资本增殖的机器。按照资本逻辑的演化,马克思指出,既然"竞争斗争是通过使商品便宜来进行的。在其他条件不变时,商品的便宜取决于劳动生产率,而劳动生产率又取决于生产规模。因此,较大的资本战胜较小的资本"。④这样,在竞争市场中取胜的绝对方法,就是降低成本和扩大生产,这是一个需要不断采用新的技术和组织形式来提高劳动生产率,并用以追加投资的积累资本的过程。

在这样一个资本的无限运转中,无论是资本家还是工人都被夹裹在这样的一场风险旋涡中,是资本关系的产物。对资本家来说,作为人格化的资本,他无论何时何地,都要面对增殖的动力和竞争的压力。增殖的风险无处不在,"资本家完全同工人一样地处于资本关系的奴役之下,尽管是在

---

① 马克思,恩格斯. 马克思恩格斯文集(第5卷)[M]. 北京:人民出版社,2009:8.
② 马克思,恩格斯. 马克思恩格斯文集(第2卷)[M]. 北京:人民出版社,2009:34-35.
③ 马克思,恩格斯. 马克思恩格斯文集(第8卷)[M]. 北京:人民出版社,2009:31-32.
④ 马克思,恩格斯. 马克思恩格斯文集(第5卷)[M]. 北京:人民出版社,2009:722.

另一方面，在对立的一极上"。① 虽然从资本家的角度来说，"一部分剩余收益只不过是为它赚更多的钱而冒的风险所作的补偿，在这种风险中原有的价值本身可能丧失"。② 而且，那些"用自己所有的生产资料进行劳动的直接生产者，也会受到同样的风险"。③ 然而真正的风险还是资本增殖所带来的风险，"资本已成为一个世界。使用价值和被认为处在资本主义生产模式之外的价值及定价过程的其他所有参照物已逐步消失"。④ 因此，资本主义生产过程中的风险实际上"表现为资本家的风险，因为工人自己的产品（及生产条件）作为资本和他相对立，从而工人所遭遇的偶然性必定表现为与他相异化的财产的偶然性，而且只表现为与他相异化的并不以他为转移的运动"。⑤ 在马克思看来，"如果说在资本主义生产中这种风险落到资本家头上，那只是因为他篡夺了生产资料的所有权"。⑥ 在这样一种由资本决定、资本家主导的风险体系中，工人的风险由资本风险决定，并在这种资本风险决定的异化系统中不能自拔，工资体现的是一种颠倒的关系，被预付的工资实质上是工人自己创造的，而不是一种贴现。况且，在资本家主导的风险境遇中，"如果产品卖不出去，工人就会被抛到街头。如果产品价格长期低于市场价格，工人的工资就要下降到平均水平之下"⑦，相对而言，"工人承担的风险最大"。⑧ "在这种占有下，工人仅仅为增殖资本而活着，只有在统治阶级的利益需要他活着的时候才能活着。"⑨

二、生产过程中的风险

对资本主义生产过程的分析，马克思是以"单个商品"这一资本主义

---

① 马克思，恩格斯. 马克思恩格斯文集（第8卷）[M]. 北京：人民出版社，2009：470.
② 马克思，恩格斯. 马克思恩格斯全集（第31卷）[M]. 北京：人民出版社，1998：119.
③ 马克思，恩格斯. 马克思恩格斯文集（第8卷）[M]. 北京：人民出版社，2009：465.
④ [美]麦克尔·哈特，[意]安东尼奥·奈格里. 帝国——全球化的政治秩序[M]. 杨建国，等译. 南京：江苏人民出版社，2003：365.
⑤ 马克思，恩格斯. 马克思恩格斯全集（第49卷）[M]. 北京：人民出版社，1982：305.
⑥ 马克思，恩格斯. 马克思恩格斯文集（第8卷）[M]. 北京：人民出版社，2009：465.
⑦ 马克思，恩格斯. 马克思恩格斯全集（第33卷）[M]. 北京：人民出版社，2004：390.
⑧ 马克思，恩格斯. 马克思恩格斯全集（第33卷）[M]. 北京：人民出版社，2004：390.
⑨ 马克思，恩格斯. 马克思恩格斯文集（第2卷）[M]. 北京：人民出版社，2009：46.

经济细胞入手作为起点的。在马克思看来,"在商品中,特别是在作为资本产品的商品中,已经包含着作为整个资本主义生产方式的特征的社会生产规定的物化和生产的物质基础的主体化"。① 在商品这样一个资本主义方式的胚芽中,便已经孕育着风险。劳动二重性决定的商品二因素之间的矛盾使风险成为可能,私人劳动和社会劳动之间的矛盾构成商品的内在矛盾和风险。随着商品价值形式的发展,风险不断发生,风险存在于矛盾的出现,消解于矛盾的解决。当货币出现时,商品流通分离成两个相对独立的阶段,即卖和买。卖和买不仅在空间上是分离的,而且在时间上也是不一致的。商品转化为货币"是商品的惊险的跳跃。这个跳跃如果不成功,摔坏的不是商品,但一定是商品占有者"。② 这里的风险已经铺垫开来,马克思曾批驳了这样一种观点:"有一种最愚蠢不过的教条:商品流通必然造成买和卖的平衡。"③ 他认为商品流通使物的人格化和人格的物化的对立在商品形态变化的对立中取得了发展的运动形式,"这些形式包含着危机的可能性"④,商品存在的本身已蕴含着风险。

如果说商品的发展只是蕴含着风险的可能性,则资本的出现使风险成为必然,因为"资本本身是处于过程中的矛盾"⑤。资本主义生产过程是劳动过程和价值增殖过程的直接统一,劳动过程只是价值增殖过程的手段,价值增殖过程表现为资本自行增殖的过程。只要工人进入生产过程,他的劳动作为形成价值的东西,作为处于自身对象化过程中的东西,就是资本价值的存在方式,被并入资本价值之中。在这一过程中,工人是把他所创造的价值同时作为与自身相异化的价值创造出来的。另外,资本家作为人格化的资本,他的绝对欲望和目的,实际上只是货币贮藏者的合理化欲望和目的,资本家所执行的职能,不过是用意识和意志来执行的资本本身的职能——通过吸收活劳动来自行增殖的价值的职能,因此价值增殖过程本身实质上是剩余价值的生产,即无酬劳动的对象化过程。"在资本主义生产过程中,劳动过程只表现为手段,价值增殖过程或剩余价值的生产才表现

---

① 马克思,恩格斯. 马克思恩格斯文集(第7卷)[M]. 北京:人民出版社,2009:996-997.
② 马克思,恩格斯. 马克思恩格斯文集(第5卷)[M]. 北京:人民出版社,2009:127.
③ 马克思,恩格斯. 马克思恩格斯文集(第5卷)[M]. 北京:人民出版社,2009:135.
④ 马克思,恩格斯. 马克思恩格斯文集(第5卷)[M]. 北京:人民出版社,2009:135.
⑤ 马克思,恩格斯. 马克思恩格斯文集(第8卷)[M]. 北京:人民出版社,2009:197.

为目的。"① 这样，生产的社会化与资本主义私人占有之间的矛盾就表现为生产的相对过剩。一方面，对剩余价值的追求，使得厂商具有无限扩大生产的趋势；另一方面，劳动力价值的市场定位，只能满足最基本的生活需要，无法与生产日益扩大的趋势相一致，表现为由劳动力价值形成的市场需求远远落后于商品生产的市场供给扩张。随之而来的风险也就成为必然。这样一种内在矛盾发展成资本主义积累的绝对的、一般的规律，一极是资本家财富的积累，一极是劳动者贫困的积累。风险在生产过程中被生产出来并被强化了。

三、流通过程中的风险

资本主义生产过程揭示了风险的生成、生长、演化的各种发展形式和内在联系的逻辑。资本主义流通过程则说明了风险系统本身的复杂性，特定时空序列中风险的自我发展运动过程和再生产结构。"每一部分资本，无论资本家把它变为可变资本还是不变资本，变为固定资本还是流动资本，资本家都必须同样从他的个人消费中抽出来，一方面用于工业消费，另一方面，一旦资本获得产品的形式，就让它去经历流通中的机遇和风险。"②

资本主义的流通过程是由各个独立又互相交错和互相补偿的单个资本的运动组成。处在生产和再生产过程的单个资本，依次经历购买阶段、生产阶段和售卖阶段，采取三种不同的循环形式——货币资本循环、生产资本循环、商品资本循环。马克思认为，"产业资本的连续进行的现实循环，不仅是流通过程和生产过程的统一，而且是它的所有三个循环的统一"。③产业资本的顺利运动需要三种循环形式在空间上并存、时间上继起，只有这样才能在不断运动中求得动态平衡。这样就预示了风险的存在，这么复杂的资本运动只有保持各个条件和内在有机体的协调一致，才能避免风险的发生，任何一个环节的不当都可能招致风险的发生。除了单个资本的循环具有严苛的条件，同时单个资本的周转也受生产资本的构成和周转时间

---

① 马克思，恩格斯. 马克思恩格斯文集（第8卷）[M]. 北京：人民出版社，2009：481.
② 马克思，恩格斯. 马克思恩格斯全集（第32卷）[M]. 北京：人民出版社，1998：421.
③ 马克思，恩格斯. 马克思恩格斯文集（第6卷）[M]. 北京：人民出版社，2009：119.

长短的影响。如果生产资本比例愈小，周转时间愈长，风险就愈大。

就社会总资本而言，系统性风险发生的概率更大。在马克思看来，社会资本运动正常进行所必须具备的条件，即社会总资本再生产过程中在价值上如何补偿，在实物方面如何实现。社会总资本运动要顺利进行，社会生产的两大部类之间及各部类内部必须保持一定比例关系，资源必须在各类生产之间进行合理配置。交换和再生产得以正常进行需要符合若干条件，"而这些条件转变为同样多的造成过程失常的条件，转变为同样多的危机的可能性；因为在这种生产的自发形式中，平衡本身就是一种偶然现象"。① 失衡是必然的经常性的现象，平衡只是一种偶然，风险也就成为一种常态。

四、总过程中的风险

在对资本主义生产总过程的分析中，马克思把资本的生产过程和流通过程有机结合起来，从总体上揭示资本家获得的剩余价值在现实中具体转化形式，发现和说明资本的运动过程当作一个总过程来看所产生的各种具体形态，旨在展示风险在各种具体形态上的特殊表现，以及这些具体形态所蕴含的从本质到现象发生的机理和突破自身限制而又引起更大局限的风险的内在强制规律。

在资本的总过程中，资本主义社会经济有机体作为一种极其复杂的社会化大生产集成系统，风险随着资本逻辑的演化而不断演化。风险不断产生，又不断通过自身来消解并表现为另外一种风险，然而无论形态各异，风险的实质都是相同的。这里，马克思主要分析了商业资本、生息资本和地租各自的性质、运动形式和职能，揭示了资产阶级内部的各种矛盾。马克思认为，"在资本—利润（或者，更恰当地说是资本—利息）、土地—地租、劳动—工资中，在这个表示价值和财富一般的各个组成部分同其各种源泉的联系的经济三位一体中，资本主义生产方式的神秘化，社会关系的物化，物质的生产关系和它们的历史社会规定性的直接融合已经完成：这是一个着了魔的、颠倒的、倒立着的世界"。② 无论是商业资本、生息资本

---

① 马克思，恩格斯. 马克思恩格斯文集（第6卷）[M]. 北京：人民出版社，2009：557.
② 马克思，恩格斯. 马克思恩格斯文集（第7卷）[M]. 北京：人民出版社，2009：940.

还是地租，现实中的虚伪的假象和错觉，把财富的不同社会要素间的独立化和硬化以及物的人格化和生产关系的物化都颠倒了，现象与本质已发生了远离，在这样的世界里风险只会与日俱增而不会减少，各种具体形态的子系统的风险无外乎是整体性风险的异化演化结果而已。在这样一个风险演化中，各个子系统不断实现暂时的突围，同时又陷入一个更新、更复杂的风险中。

相对于其他各种具体形态的风险，马克思认为，生息资本最神秘，风险状态最高，"在 G—G′上，我们看到了资本的没有概念的形式，看到了生产关系的最高度的颠倒和物化——资本的生息形态，资本的这样一种简单形式，在这种形态中资本是它本身再生产过程的前提；货币或商品具有独立于再生产之外而增殖本身价值的能力，——资本的神秘化取得了最显眼的形式"。① 在这个形式上，货币表现为一种脱离生产过程的能够自行增殖的价值，利润的源泉再也看不出来了，"对于要把资本说成是价值即价值创造的独立源泉的庸俗经济学来说，这个形式自然是它求之不得的"。② 资本主义生产过程的结果，离开过程本身而取得了独立的存在，这是资本主义市场经济神秘化和异化的最高境界。存一笔钱，便能生出新的钱来，资本是作为商品出现的，乍看起来，这与劳动者没有任何关系了。当"一切资本主义生产方式的国家，都周期地患一种狂想病，企图不用生产过程作中介而赚到钱"③ 时，这时的风险已经相当严重了。在生息资本这里，资产阶级的物化和经济拜物教战胜了整个世界，"资本的物神形态和资本物神的观念已经完成"④，风险也达到一个最高境界。

第三节　风险社会的深化——危机

一、利润率趋向下降的规律

在经济学发展史上，马克思是最早对技术变革予以极大重视并进行深

---

① 马克思，恩格斯. 马克思恩格斯文集（第 7 卷）[M]. 北京：人民出版社，2009：442.
② 马克思，恩格斯. 马克思恩格斯文集（第 7 卷）[M]. 北京：人民出版社，2009：442.
③ 马克思，恩格斯. 马克思恩格斯文集（第 6 卷）[M]. 北京：人民出版社，2009：67-68.
④ 马克思，恩格斯. 马克思恩格斯文集（第 7 卷）[M]. 北京：人民出版社，2009：442.

入研究的经济学家之一。①在《资本论》中,马克思就机器本身,资本主义条件下技术进步的动机与周期,技术进步对剩余价值生产、资本流通过程和一般利润率的影响等问题进行了深刻剖析。马克思认为,社会劳动生产率的水平"表现为一个工人在一定时间内,以同样的劳动力强度使之转化为产品的生产资料的相对量",而"一旦资本主义制度的一般基础奠定下来……社会劳动生产率的发展成为积累的最强有力的杠杆",因此随着资本积累的进行,劳动生产率不断提高,使得"劳动的量比它所推动的生产资料的量相对减少",即资本技术构成提高。②这意味着在资本积累的过程中,技术进步具有耗费生产资料和节约活劳动的内在倾向。

马克思非常重视这个规律。在1857—1858年经济学手稿中马克思强调,"这从每一方面来说都是现代政治经济学的最重要的规律,是理解最困难的关系的最本质的规律。从历史的观点来看,这是最重要的规律"。③在1861—1863年经济学手稿中,马克思继续指出"这个规律也是政治经济学的最重要的规律"。④在1863—1865年经济学手稿中,马克思写道:"由于这个规律对资本主义生产极其重要……而且亚当·斯密以来的各种学派之间的区别,也就在于为揭开这个秘密进行不同的尝试。"⑤对于如此重要的规律,马克思早在1865年已经思考得非常成熟了,恩格斯在《资本论》第三卷序言中写道:"本册的编辑工作根本不同于第二册。第三册只有一个初稿,而且极不完全。每一篇的开端通常都相当细心地撰写过,甚至文字多半也经过推敲。但是越往下,文稿就越是带有草稿性质……"⑥但是,"以下三篇(第二、三、四篇——引者注),除了文字上的修订,我几乎可以完全按照原来的手稿进行编辑"。⑦正因为利润率趋向下降规律表明资本主义无法以渐进的、无风险、无危机的方式向前发展,所以它一直是资本主义秩序的捍卫者和设想逐步向社会主义过渡的改良派

---

① 高峰. 资本积累理论与现代资本主义——理论的和实证的分析[M]. 2版. 北京:社会科学文献出版社,2014:54.
② 马克思. 资本论(第1卷)[M]. 北京:人民出版社,2004:717-718.
③ 马克思,恩格斯. 马克思恩格斯全集(第46卷)(下)[M]. 北京:人民出版社,1980:267.
④ 马克思,恩格斯. 马克思恩格斯全集(第48卷)[M]. 北京:人民出版社,1985:293.
⑤ 马克思. 资本论(第3卷)[M]. 北京:人民出版社,2004:237-238.
⑥ 马克思. 资本论(第3卷)[M]. 北京:人民出版社,2004:4.
⑦ 马克思. 资本论(第3卷)[M]. 北京:人民出版社,2004:8.

左翼分子不断批判的目标。①

这种对高利润率的追求的最终结果却正是它的反面——利润率趋向下降，这正是对资本的自我否定，是资本的内在矛盾所产生的结果。而资本正是在追求自身的高利润率与总体上的利润率下降的矛盾中运行的：正是这种利润率下降规律迫使资本寻找新的出路，由此加剧了各种风险。资本正是在这种自我否定的矛盾中不断展现自身，演绎出复杂的风险社会。利润率趋向下降不仅使社会风险激增，更重要的是，利润率趋向下降规律迫使资本积累的进程加快，使剩余价值生产与剩余价值实现间的矛盾日益激化，风险不断增加，导致资本主义生产过剩危机。"同这个惊人巨大的生产力为之服务的、与财富的增长相比变得越来越狭小的基础相矛盾，同这个不断膨胀的资本的价值增殖的条件相矛盾。危机就是这样发生的。"②

二、资本引致的风险到危机的演进

随着利润率趋向下降规律的深化，当风险累积发展到一定程度，就成为危机，正如资本的发展一样。事实上，资本主义的发展遵循两条线索，一条是资本生产的线索，另一条是风险的累积和成长的线索，风险与资本相伴生。资本的演化决定风险的演化，当资本内在矛盾累积到一定程度时，风险就演变成危机。

在资本的演进中，一方面，资本主义创造了大于以往一切文明的工业进步和社会财富，"资本按照自己的这种趋势，既要克服把自然神化的现象，克服流传下来的、在一定界限内闭关自守地满足于现有需要和重复旧生活方式的状况，又要克服民族界限和民族偏见。资本破坏这一切并使之不断革命化，摧毁一切阻碍发展生产力、扩大需要、使生产多样化、利用和交换自然力量和精神力量的限制"③。资本家的风险表现为采用新的技术和组织形式来追求剩余价值，实现资本增殖的机会。

---

① Murray E G Smith, Jonah Butovsky. Profitability and the Roots of the Global Crisis: Marx's Law of the Tendency of the Rate of Profit to Fall and the US Economy, 1950—2007[J]. Historical Materialism, 2012, 20（4）：45.
② 马克思. 资本论（第3卷）[M]. 北京：人民出版社，2004：296.
③ 马克思，恩格斯. 马克思恩格斯文集（第8卷）[M]. 北京：人民出版社，2009：91.

另一方面，资本主义生产方式的深化，却引发了资本难以消解的悖论，即生产无限扩大的趋势与劳动人民购买力相对缩小的矛盾，这种矛盾积累的结果将不可避免地导致资本主义"生产过剩"的危机。"生产力在其发展的过程中达到这样的阶段，在这个阶段上产生出来的生产力和交往手段在现存关系下只能造成灾难，这种生产力已经不是生产的力量，而是破坏的力量（机器和货币）。"[1] 并且不合理的社会两极分化达到了极其严重的程度，已经成为社会发展的桎梏，"工人的消费能力一方面受工资规律的限制，另一方面受以下事实的限制，就是他们只有在他们能够为资本家阶级带来利润时才能被雇用。一切现实的危机的最终原因，总是群众的贫穷和他们的消费受到限制"。[2] 在以资本为基础的生产方式下，贫困表现为劳动自身的结果，表现为劳动生产力的发展结果。"资产阶级的生产关系和交换关系，资产阶级的所有制关系，这个曾经仿佛用法术创造了如此庞大的生产资料和交换手段的现代资产阶级社会，现在像一个魔法师一样不能再支配自己用法术呼唤出来的魔鬼了。"[3]

因此，马克思认为资本逻辑的运行"一方面产生了以往人类历史上任何一个时代都不能想象的工业和科学的力量；而另一方面却显露出衰颓的征兆，这种衰颓远远超过罗马帝国末期那一切载诸史册的可怕情景"。[4] 这里的风险已经不是由于市场竞争而引发的个别资本家被淘汰的市场风险，而是由资本逻辑引发的社会不同主体共同面对的系统性风险，以及系统性风险演化成的系统性危机。

无论是社会生产力的极大提高，还是社会不能承受生产力创造出来的巨大财富，风险一刻都不曾消失。资本主义以其自身的内在矛盾性，孕育着风险，催生着风险，引致并决定着风险。随着资本逻辑的深化，劳动异化的程度加深，风险的效应也就越大。风险随着矛盾的发生而引发，随着矛盾的解决和转化而升级，新的矛盾形式并没有消除风险，而是在更高层次上生成新的风险。当资本极大提高生产力时，资本家享受着资本赢利的风险；当资本自身的矛盾愈演愈烈时，资本家及工人承受着来自破产和失

---

[1] 马克思，恩格斯. 马克思恩格斯文集（第1卷）[M]. 北京：人民出版社，2009：542.
[2] 马克思，恩格斯. 马克思恩格斯文集（第7卷）[M]. 北京：人民出版社，2009：548.
[3] 马克思，恩格斯. 马克思恩格斯文集（第2卷）[M]. 北京：人民出版社，2009：37.
[4] 马克思，恩格斯. 马克思恩格斯文集（第2卷）[M]. 北京：人民出版社，2009：579.

业的风险,整个社会承受着系统性失调的危机。"同这个惊人巨大的生产力为之服务的、与财富的增长相比变得越来越狭小的基础相矛盾,同这个不断膨胀的资本的价值增殖的条件相矛盾。危机就是这样发生的。"① "在危机期间,发生一种在过去一切时代看来都好像是荒唐现象的社会瘟疫,即生产过剩的瘟疫。"② 风险到危机的过程,是风险依傍资本又否定资本的过程,是量变到质变的过程。然而"危机永远只是现有矛盾的暂时的暴力的解决,永远只是使已经破坏的平衡得到瞬间恢复的暴力的爆发"。③ 危机的周期性发生,并不能消除风险,只会孕育更严重的风险。

第四节 风险社会的实质

资本逻辑对社会生活的全面统治,是社会风险不断累积并最终威胁到人类文明存续的社会根源。资本主义生产过程中的风险,"实质上表现为资本的风险"④。资本逻辑是社会风险的生成境域,并贯穿于风险过程的始终。

资本逻辑体现着资本运动的内在规律和必然趋势,它以一种必然如此的方式贯穿于资本发展的全过程,并通过一系列经济环节和经济现象体现出来。资本是能够带来剩余价值的价值,资本作为价值形态发展的产物,必然体现为一定抽象劳动的凝结,但是这种抽象劳动的凝结,绝对不是原来意义上的重复,而是一种增殖。"资本主义生产过程的结果,既不是单纯的产品(使用价值),也不是商品,即具有一定交换价值的使用价值。它的结果,它的产品,是为资本创造剩余价值,因而,是货币或商品实际转化为资本;……因为资本作为资本(从而资本家作为资本家)所要生产的,既不是直接供自己消费的使用价值,也不是用来转化为货币、进而转化为使用价值的商品。资本主义生产的目的是发财致富,是价值的增殖,是价值的增大,因而是保存原有价值并创造剩余价值。"⑤ 从表面上看,资本表

---

① 马克思. 资本论(第3卷)[M]. 北京:人民出版社,2004:296.
② 马克思,恩格斯. 马克思恩格斯文集(第2卷)[M]. 北京:人民出版社,2009:37.
③ 马克思,恩格斯. 马克思恩格斯文集(第7卷)[M]. 北京:人民出版社,2009:277.
④ 马克思,恩格斯. 马克思恩格斯全集(第49卷)[M]. 北京:人民出版社,1982:305.
⑤ 马克思,恩格斯. 马克思恩格斯文集(第8卷)[M]. 北京:人民出版社,2009:404.

现为一种物（生产要素，货币和商品等），但"资本不是物，而是一定的、社会的、属于一定历史社会形态的生产关系，后者体现在一个物上，并赋予这个物以独特的社会性质。资本不是物质的和生产出来的生产资料的总和。资本是已经转化为资本的生产资料，这种生产资料本身不是资本，就像金或银本身不是货币一样"。① 在马克思看来，资本是一种以物为媒介的人和人之间的社会关系，是一种社会属性，"资本不是物，而是一定组合的社会关系，它属于人类发展一定历史时期，并对这些关系网中的物体赋予社会物体的特殊内容。因此，要了解资本，人们必须根据它作为社会关系的特性来作解释"。② 因此，通过资本逻辑就能"把现代社会关系的全部领域看得明白而且一览无遗，就像一个观察者站在最高的山巅观赏下面的山景那样"。③ 资本逻辑主导下的风险具有以下几个特征。

一、风险主体的分化

资本逻辑主导的社会，充满着异化和矛盾。马克思认为，人与自己的生产活动相异化、人与自己的劳动产品相异化、人与人的类本质相异化、人与其他人的关系相异化，在资本主义条件下表现为剩余价值生产与剩余价值实现之间的矛盾、社会资本再生产中两大部类生产与需求之间的矛盾、资本增殖与一般利润率趋向下降的矛盾等。"资本的生产是在矛盾中运动的，这些矛盾不断地被克服，但又不断地产生出来。"④

异化和矛盾的内涵与发展导致了风险主体的严重分化。生产主体不是社会财富的主体，生产财富的工人贫困风险加剧，站在劳动之外的资本家却占有工人创造的财富，所以异化本质上反映的是资本家与工人的关系。"作为资本家，他只是人格化的资本。他的灵魂就是资本的灵魂。而资本只有一种生活本能，这就是增殖自身，创造剩余价值，用自己的不变部分即

---

① 马克思，恩格斯. 马克思恩格斯文集（第7卷）[M]. 北京：人民出版社，2009：922.
② [英] 约翰·伊特韦尔，[美] 默里·米尔盖特，彼得·纽曼. 新帕格雷夫经济学大辞典（第1卷）[M]. 陈岱孙，译. 北京：经济科学出版社，1996：363.
③ 马克思，恩格斯. 马克思恩格斯全集（第21卷）[M]. 北京：人民出版社，2003：363.
④ 马克思，恩格斯. 马克思恩格斯文集（第8卷）[M]. 北京：人民出版社，2009：91.

生产资料吮吸尽可能多的剩余劳动。"① 资本家为了使货币价值资本化，从工人那里购买劳动，同时工人为了勉强维持自己的生存，出卖对自己劳动能力的支配权。在资本的生产中，"一切发展生产的手段都转变为统治和剥削生产者的手段，都使工人畸形发展，成为局部的人，把工人贬低为机器的附属品，使工人受劳动的折磨，从而使劳动失去内容，并且随着科学作为独立的力量被并入劳动过程而使劳动过程的智力与工人相异化；这些手段使工人的劳动条件变得恶劣，使工人在劳动过程中屈服于最卑鄙的可恶的专制，把工人的生活时间转化为劳动时间，并且把工人的妻子儿女都抛到资本的札格纳特车轮下。"② 在资本逻辑的发展中，不仅工人自己，工人的生活也从属于资本本身，风险主体的分化使一极财富的增长和另一极贫困的增长状况更加突出。

事实上，风险主体的分化不仅是资本逻辑的结果，也是资本逻辑运行的条件。对于矛盾的演进，马克思以商品为例，认为"商品的交换过程包含着矛盾的和互相排斥的关系。商品的发展并没有扬弃这些矛盾，而是创造这些矛盾能在其中运动的形式。一般说来，这就是实际矛盾赖以得到解决的方法。例如，一个物体不断落向另一个物体而又不断离开这一物体，这是一个矛盾。椭圆便是这个矛盾借以实现和解决的运动形式之一"。③ 资本逻辑的发展并没有消灭这些风险，而是创造出了凭借风险在其中运作的模式，成为资本积累的一个杠杆和存在的条件。资本根据市场的突发变化，随时有大量的相对过剩人口可供使用，这正如马克思所说："过剩的工人人口形成一支可供支配的产业后备军，它绝对地从属于资本，就好像它是由资本出钱养大的一样。"④

二、风险运行的结构化

在资本逻辑的统摄下，资本主义社会越来越成为一个总体，将一切都

---

① 马克思，恩格斯. 马克思恩格斯文集（第5卷）[M]. 北京：人民出版社，2009：269.
② 马克思，恩格斯. 马克思恩格斯文集（第5卷）[M]. 北京：人民出版社，2009：743.
③ 马克思，恩格斯. 马克思恩格斯文集（第5卷）[M]. 北京：人民出版社，2009：124-125.
④ 马克思，恩格斯. 马克思恩格斯文集（第5卷）[M]. 北京：人民出版社，2009：728.

吸纳入自身中，一切不能以资本主义生产来衡量的事物都失去了其存在的意义，整个社会也越来越被卷入到资本的生产过程之中。因此，资本的劳动生产过程体现了资本主义社会的本质规定性，这决定了资本主义社会是一个不断结构化的总体，而不是一个已经完成了的总体。在这个结构化总体中，结构的各个环节，都成为资本逻辑不断建构和创造新秩序的内在构成部分。这种结构化不仅指经济生活层面的总体化以及灵活积累的系统化，而且指这一社会化的行为对社会其他层面及文化、意识、思想的建构作用。

同时，正如不存在一个先验的理性主体，也不存在一个永恒不变的结构，资本的运行过程是一个有着内在裂变关系的总体化过程，是一个有涨落、有起伏、有危机的过程。在资本的运行中，资本这种结构化的总体是一个矛盾意蕴突出的总体，这个矛盾着的总体在不断地结构化自身的同时，也在经历着总体自身的解构；结构的原因与解构的根源均来自资本逻辑的力量，具体来说这种解构来自资本主义社会结构的内在本质规定，即生产的社会化与生产资料私人占有之间的内在矛盾。

无论是建构还是结构，资本逻辑使风险运行具有了结构化的意义。资本逻辑在其根本的规定上，决定了社会风险的自我抽象过程；这种自我抽象将商品的使用价值性质抽离掉，使之成为可以比较的物，价值成为资本追逐的目标，这也成为风险的社会存在基础。在资本逻辑的统摄中，风险建构新秩序，同时风险本身也被生产出来，资本作为一种发生了本质变化的关系，使风险从生产过程中产生并在生产过程中发展起来。一方面，物质生产力的特殊发展阶段和不断发生变化的生产方式，是风险本身形成的条件；另一方面，资本改变风险的形态，并且是新风险形成的前提。资本的结构化使风险的结构化如影随形，无论是利润的积累、市场的构成，还是经济主体的冲突，都有可能断裂在运行过程中一连串的自相矛盾之中。

三、风险环境的全球化

资本逻辑支配的生产具有克服一切生产力发展限制的趋势。对于剩余价值无止境的追求贪欲，使资本充满了不断膨胀和扩张的动力，它力求冲破各种地域的限制，为自己的生存和发展寻求更大的空间。因此，"创造世界市场的趋势已经直接包含在资本的概念本身中"①。任何界限都表现为必须克服的限制，当本国的资源、市场满足不了资本最大限度地追逐利润的要求，进而限制了资本的原始积累和扩张的时候，资本就必然会超越空间，力争突破国家的区域限制，到全球任何一个地方去寻找新的投资机会，开辟新的世界市场。

随着资本的全球扩张，原来局限在民族、国家范围内的局部性风险转化为全球性风险，全球性风险正是资本主义基本矛盾在全球化过程中扩张和转移的结果。资本逻辑在世界一体化和同质化传统等级和文明的同时，不断分裂出新的等级秩序和文明差异，不断制造新的风险。资本关系所到之处，"中心—外围"的二元结构和权力支配关系被渗透、复制到社会生活的各个层面上。资本主义社会的固有矛盾并未消除，甚至还有强化的趋势。

在资本逻辑的推动下，全球的风险状态突出地表现为日益严重的全球经济动荡和国际秩序的无序。一方面发达国家竭力进行资本输出，为本国风险外溢寻找出口，本国内部的风险不断被复制、移植到其他民族国家，这种资本的输出"正像它使农村从属于城市一样，它使未开化和半开化的国家从属于文明的国家，使农民的民族从属于资产阶级的民族，使东方从属于西方"。②另一方面民族国家被资本同质化，民族权力显著弱化，越来越深地嵌入全球资本积累和市场活动的风险过程之中，被夹裹在世界范围内资本积累的结构性矛盾中："中心—外围"之间的深刻对抗和巨大风险。甚至随着资本的生产与再生产，风险变得愈来愈复杂化和无形化，风险不再像以前那样赤裸裸地以暴力形式运行，而是深藏于以传媒、消费方式、交往方式等文化结构的运作中，来获得对民族国家资本权力的控制。正是发达国家社会生产核心的资本权力及其等级体系，不断催生着全球风险状态的演化。

---

① 马克思，恩格斯. 马克思恩格斯文集（第8卷）[M]. 北京：人民出版社，2009：88.
② 马克思，恩格斯. 马克思恩格斯文集（第2卷）[M]. 北京：人民出版社，2009：36.

第五节　风险社会的治理

一、风险社会治理的悖论

面对风险的极致爆发——危机，资本主义也从自身出发，不断寻求风险和危机的治理，然而"资产阶级用什么办法来克服这种危机呢？一方面不得不消灭大量生产力，另一方面夺取新的市场，更加彻底地利用旧的市场。这究竟是怎样的一种办法呢？这不过是资产阶级准备更全面更猛烈的危机的办法，不过是使防止危机的手段越来越少的办法"。[①] "资产阶级用来推翻封建制度的武器，现在却对准资产阶级自己了。"[②] 这种自我调整和改造，显然难以治疗资本社会存在的各种"悖论"。

基于资本逻辑的风险治理和消解，显然是无法通过风险演生系统的自适应来化解的。事实上，资本的每一次演化都是出于对风险的规避和利润最大化，比如"资本通过联合来使自己免遭风险"[③]，资本通过积累、扩大再生产来保值、增殖，资本通过信用系统来化解风险等，甚至通过降低利润率、使现有资本贬值、牺牲已经生产出来的生产力来发展劳动生产力。然而，"资本价值的保存和增殖，只能在一定的限制以内运动，这些限制不断与资本为它自身的目的而必须使用的并旨在无限制地增加生产，为生产而生产，无条件地发展劳动社会生产力的生产方法相矛盾。手段——社会生产力的无条件的发展——不断地和现有资本的增殖这个有限的目的发生冲突"。[④] 如果说资本主义生产方式是发展物质生产力并且创造同这种生产力相适应的世界市场的历史手段，那么，这种生产方式同时也是它的这个历史任务和同它相适应的社会生产关系之间的经常的矛盾和风险。"资本的这种矛盾暴风雨般地突然爆发出来，越来越威胁到作为社会基础和生产本身基础的资本本身。"[⑤] 因此，"资本主义生产的真正限制是资本自身，这就是说：资本及其自行增殖，表现为生产的起点和终点，表现为生产的动机和目的；生产只是为资本而生产，而不是反过来生产资料只是生产者社

[①] 马克思，恩格斯. 马克思恩格斯文集（第 2 卷）[M]. 北京：人民出版社，2009：37.
[②] 马克思，恩格斯. 马克思恩格斯文集（第 2 卷）[M]. 北京：人民出版社，2009：37.
[③] 马克思，恩格斯. 马克思恩格斯文集（第 8 卷）[M]. 北京：人民出版社，2009：465.
[④] 马克思，恩格斯. 马克思恩格斯文集（第 7 卷）[M]. 北京：人民出版社，2009：278 – 279.
[⑤] 马克思，恩格斯. 马克思恩格斯文集（第 8 卷）[M]. 北京：人民出版社，2009：92.

会的生活过程不断扩大的手段"。①

二、风险社会治理的资本逻辑思路及其超越

因此,资本逻辑下的风险治理也需要从资本入手。正如马克思所说:"问题和解决问题的手段同时产生。"② 运动各阶段上不断产生的这些矛盾和风险,又主要是依靠矛盾和风险体系自身包含的条件来解决的,即解决矛盾和风险的手段存在于矛盾和风险体系的自身之中。资本主义生产的发展过程,其实就是一个自我否定、自我扬弃的过程,"资本主义生产由于自然过程的必然性,造成了对自身的否定"。③

在马克思看来,"只有通过大工业所达到的生产力的极大提高,才有可能把劳动无例外地分配给一切社会成员,从而把每个人的劳动时间大大缩短,使一切人都有足够的自由时间来参加社会的公共事务——理论的和实际的公共事务"。④ 由此可以得出,社会风险的消除,仅以资本主义生产方式的自我改造和人们的觉悟及认识能力的提高来反思现代性是根本解决不了问题的,只有通过对资本关系的根本变革,"利用资本本身来消灭资本"⑤,才能彻底解决由资本引致的风险问题,从而实现人的全面自由发展。

按照马克思的逻辑,他认为,"资本主义生产由于自然过程的必然性,造成了对自身的否定。这是否定的否定。这种否定不是重新建立私有制,而是在资本主义时代的成就的基础上,也就是说,在协作和对土地及靠劳动本身生产的生产资料的共同占有的基础上,重新建立个人所有制"。⑥ "共产主义是对私有财产即人的自我异化的积极的扬弃,因而是通过人并且为了人而对人的本质的真正占有;因此,它是人向自身,也就是向社会的即合乎人性的人的复归,这种复归是完全的复归,是自觉实现并在以往发展

---

① 马克思,恩格斯. 马克思恩格斯文集(第7卷)[M]. 北京:人民出版社,2009:278.
② 马克思,恩格斯. 马克思恩格斯文集(第5卷)[M]. 北京:人民出版社,2009:107.
③ 马克思,恩格斯. 马克思恩格斯文集(第5卷)[M]. 北京:人民出版社,2009:874.
④ 马克思,恩格斯. 马克思恩格斯文集(第9卷)[M]. 北京:人民出版社,2009:189-190.
⑤ 马克思,恩格斯. 马克思恩格斯文集(第8卷)[M]. 北京:人民出版社,2009:91.
⑥ 马克思,恩格斯. 马克思恩格斯文集(第5卷)[M]. 北京:人民出版社,2009:874.

的全部财富的范围内实现的复归。"① 这种社会"是存在和本质、对象化和自我确证、自由和必然、个体和类之间的斗争的真正解决"。② 在这种社会，依然还会有风险，然而"社会化的人，联合起来的生产者，将合理地调节他们和自然之间的物质变换，把它置于他们的共同控制之下，而不让它作为一种盲目的力量来统治自己；靠消耗最小的力量，在最无愧于和最适合于他们的人类本性的条件下来进行这种物质变换"。③

---

① 马克思，恩格斯. 马克思恩格斯文集（第1卷）[M]. 北京：人民出版社，2009：185.
② 马克思，恩格斯. 马克思恩格斯文集（第1卷）[M]. 北京：人民出版社，2009：185.
③ 马克思，恩格斯. 马克思恩格斯文集（第7卷）[M]. 北京：人民出版社，2009：928–929.

第四章 马克思主义风险社会思想的当代形塑

资本逻辑是马克思主义风险社会理论的内在线索，同时也是其当代形塑的动力机制和逻辑起点。正是资本逻辑决定风险社会的本质，而不是其他，更不是相反。风险击穿了前现代化和早期现代化处心积虑建构起来的各种边界，在全球化背景下不仅没有消解，反而通过更复杂的机制被不断强化。在当代，从环境破坏到金融风险，从社会失范到核危机，从个人的存在性焦虑到流行性疾病，从日常的食品安全到全球恐怖主义，人类所有行动都被卷入风险社会的生产和再生产之中，风险成了当代人类的一个基本生存环境。马克思主义风险理论对于分析新帝国主义，即由于资本主义体系的金融化和空间范围扩展而导致的外围经济体剩余向中心经济体转移问题，依然具有重要价值。

第一节 资本逻辑的演进——资本积累的金融化和空间化及其风险

一、资本积累的金融化及其风险

按照资本逻辑的深化，马克思指出，既然竞争是通过使商品便宜来进行的，在其他条件不变时，商品的便宜取决于劳动生产率，而劳动生产率又取决于生产规模。这样，在竞争市场中获得成功的绝对方法，就是降低成本和扩大生产，这是一个需要不断采用新的技术和组织形式来追求剩余价值并用以投资的积累资本的过程，即资本积累。资本家是资本的人格化，在资本主义市场竞争之中，资本积累成为生存以及获取剩余价值的手段，是资本主义扩大再生产并保持经济增长的原动力，而不仅仅是消费和储蓄的跨期优化。

资本积累规律具有双重作用："随着资本主义生产方式的发展，利润率会下降，而利润量会随着所使用的资本量的增加而增加。"① 在利润率下降的条件下，为了保证利润量不变或增加，必须使投资增加的比例大于利润率下降的比例。但是不断增加的投资达到一定程度时，又引起利润率的进一步下降，不仅降低资本家的利润预期，而且投资的增长也难以持续下去，最终引起经济中总产出和就业水平的下降。利润率的下降是个长期趋势，利润率下降扩大了资本主义体系生产商品的能力与市场吸收这些商品的能力之间的差距。积累越多就越难积累，从而形成积累悖论，这种悖论反映了资本积累的内在矛盾。"积累由于被放在其整个社会环境中来看待而成为辩证的。它发展成为整个资本主义制度的辩证法。"②

资本主义不断积累的过程，就是资本主义积累模式不断调整的过程。利润率的下降必然导致"单个资本家为了生产地使用劳动所必需的资本最低限额，随着利润率的下降而增加"。③追加资本的需要迫使资本家不得不更加依赖于生息资本，同时，达不到预付资本最低限额的大量分散的中小资本，由于利润预期的降低不得不进行各种金融投机。于是，"金融化"应运而生，它虽然不能挽救整个体系，但能使个别资本家获得比生产性投资更高的利润率；此外，它鼓励工人和中产阶级负债消费，因而创造了短期的消费需求增长。"工业、商业和不动产资本变得如此集中于金融运作和机构，以至于要说出商业和工业利益始于何处以及严格的金融利益终止于何处，正日益变得很困难。"④随着金融业的繁荣，商品和服务领域的真实资本的积累越来越隶属于金融，不仅从形式上，更是从实质上，资本积累实现金融化。

金融化的兴起极大地改变了资本积累的本质。真实资本的资产所有权变得从属于股票或纸面资产所有权——通过举债而实现的杠杆化经营越来

---

① 马克思，恩格斯. 马克思恩格斯文集（第7卷）[M]. 北京：人民出版社，2009：276.
② [匈] 卢卡奇. 历史与阶级意识 [M]. 杜章智，等译. 北京：商务印书馆，2009：91.
③ 马克思，恩格斯. 马克思恩格斯文集（第7卷）[M]. 北京：人民出版社，2009：279.
④ [美] 戴维·哈维. 后现代的状况 [M]. 阎嘉，译. 北京：商务印书馆，2003：208.

越多。金融资本不仅贷款给产业资本以参与剩余价值的分配,而且逐渐从一个适应产业资本积累的辅助系统,演变成使所有其他经济活动从属于自身的特权系统,使一切资本"都周期地患一种狂想病,企图不用生产过程作中介而赚到钱"。① 金融资本的参与使资本积累近乎疯狂地肆意发展,严重脱离实体经济而过度膨胀,不断侵蚀着作为价值尺度的货币基础。"金融资本特别机动灵活,在国内和国际上都特别错综复杂地交织在一起,它特别没有个性而且脱离直接生产,特别容易集中而且已经特别高度地集中,因此整个世界的命运简直就掌握在几百个亿万富翁和百万富翁的手中。"②

随着金融化的深入,借贷和资产价格上升代替了工资增长成为拉动总需求的引擎。基于对利润的追逐,这时的资本积累由产业资本家和金融资本家之间的金融安排共同决定。无论是产业资本家还是金融资本家,都热衷于金融创新,金融创新而产生的风险需求是获利的源泉。产业资本家热衷于通过银行贷款、债券、抵押、股票来进行融资,每一种金融工具都将涉及对未来的支付承诺,例如,未来对贷款的利息、对股票的红利支付,这些现金的支付承诺都是立足于企业财务结构的现金流量,从金融机构借款就是拿未来的支付承诺来赚取今天的钱。这种对风险的需求存在于每一个经济体系中,每一个经济体系中都存在现在对过去和未来对现在的债务联系。正是债务结构导致了企业和金融体系之间的复杂风险关系,而且这些债务都是基于预期利润能够满足债务支付承诺而创造的。依靠金融创新的风险需求,金融机构热衷于开发各种金融产品,提供了更多可告贷的新金融产品。这些新金融产品凭借风险获利,并能够简单地把风险转嫁给其他主体。根据明斯基的金融不稳定理论,这种存在于投资决定、投资融资、预期利润和债务结构之间的关系决定了其内生于资本主义经济体系的经济和金融不稳定,甚至发生危机的潜在可能。③ 无论是对冲性融资、投机性融资,还是庞氏融资,"通过负债管理而挖掘出来的获利机会受限于现实中的贷方风险和借方风险"④,只不过二者的表现有所不同。借方的风险不会

---

① 马克思,恩格斯. 马克思恩格斯文集(第6卷)[M]. 北京:人民出版社,2009:67-68.
② 列宁. 列宁全集(第27卷)[M]. 北京:人民出版社,1990:142.
③ 王璐,杨阳. 后危机时代之经济危机理论再阐释:明斯基的视角[J]. 天津学术文库,2011:945-958.
④ [美]海曼·P 明斯基. 稳定不稳定的经济——一种金融不稳定视角[M]. 石宝峰,等译. 北京:清华大学出版社,2015:185.

出现在签订的合同中，也不会反映在任何融资费用中，但它对风险的狂热需求却是不确定性波动的出发点和焦点；贷方的风险则会体现在签订的合同中，并以各种各样的形式出现，如更高的利率、更短的偿还期限、特定的资产作为抵押以及对红利支付和进一步借款的限制等。同时，投机性融资和庞氏融资在经济中所占的比例越大，经济的安全边际就越小，金融机构的脆弱性和风险就越大。

一方面是基于金融创新的风险需求，另一方面则是监管部门的风险供给，包括管制捕获（regulatory capture）、管制陷落（regulatory relapse）和管制逃脱（regulatory escape）。管制捕获即用于监管和降低过度风险的机构被削弱；管制陷落即管制者以事情已经发生变化，管制不再需要为由削弱管制；管制逃脱则是现存的金融监管措施制定之时，那些新金融产品和交易行为尚未出现，因而金融创新得以逃脱监管措施，进而提高了风险供给。管制捕获、管制陷落和管制逃脱必然伴随着借贷者金融冒险的增加。

"金融创新"和"管制懈怠"的同步发展，提高了对风险的需求与供给，金融创新和放松管制确保了新金融产品源源不断产生，其杠杆作用扩大了可抵押金融资产范围。这种风险的累积造成了市场约束对过分风险嗜好防范的失效，每个主体都变得更加追求风险并加大杠杆的力度，直至均衡规则无法进行下去而使市场偏离稳定，"借贷双方手挽着手走上了通往这场危机的道路"。[①]

二、资本积累的空间化及其风险

随着资本金融化的发展，资本天生所具有的对利润的追求和扩张冲动，使自身处于不断积累膨胀的状态，使以资本为基础的生产处于不断扩大的循环运动之中，出现了大量盈余资本，这些过剩资本在资本主义体系内部是无法消化的，因此产生了资本过度积累危机。"特定地域系统（territorial system）的过度积累意味着该地域出现了劳动盈余（表现为不断上升的失

[①] [美] 托马斯·I 帕利. 明斯基金融不稳定假说对危机解释的局限性 [J]. 陈弘, 译. 国外理论动态, 2010（8）: 23.

业率）和资本盈余（表现为市场上大量没有卖掉而只能亏本处理掉的商品，表现为闲置的生产能力和/或缺少生产性和赢利性投资的货币资本的盈余）。"①对资本主义社会而言，"吸收过剩资本（即过度积累）是首要问题"②。

为了解决过度积累危机，为盈余资本寻找新的投资机会，资本主义必须通过空间的扩张寻求解决办法，这主要表现为在全球范围内对资源、劳动力和资金进行组织和分配。过度积累理论认为，缺乏盈利性投资的机会是资本主义危机的根本原因，因此，在保证持续获利机会方面，获取廉价的投入与获取广大的市场具有同等重要的意义。这就意味着不但应该迫使非资本主义区域开放其贸易（刺激消费），而且应该迫使它们允许资本利用廉价的劳动力、原材料、土地等（投资成本降低）。于是，资本就按照自身发展的逻辑，突破民族国家的界限走向世界，它打破一切狭隘闭塞的自然经济基础，将资本主义生产方式传播到世界各地，因此它本身也发展成为世界市场总体。对此，马克思精辟地指出："资本一方面具有创造越来越多的剩余劳动的趋势，同样，它也具有创造越来越多的交换地点的补充趋势……从本质上来说，就是推广以资本为基础的生产或与资本相适应的生产方式。创造世界市场的趋势已经直接包含在资本的概念本身中。"③

所以，空间生产是指通过地理的扩展来吸收过剩的资本和劳动力，是一种资本的空间修复方式。"一般而言，空间生产，特殊来说城市化，成为资本主义治下的大买卖。这是一个重要的途径，资本的剩余在其中得以吸收。"④资本主义的生产不但是一定空间制约下的物质生产，而且更是一个不断地超越地理空间限制而实现的空间的自我生产过程。"以生产之社会关系的再生产为取向，空间的生产发动了均质化（homogeneity）的逻辑与重复策略（strategy of the repetitive）。"⑤在这个过程中，资本主义生产方式既

---

① [美] 大卫·哈维. 新帝国主义 [M]. 初立忠，沈晓雷，译，北京：社会科学文献出版社，2009：89.
② David Harvey. In What Ways Is The New Imperialism Really New? [J]. Historical Materialism，2007，15（3）：64.
③ 马克思，恩格斯. 马克思恩格斯全集（第46卷）（上）[M]. 北京：人民出版社，1979：391.
④ David Harvey. The Enigma of Capital and the Crisis of Capitalism [J]. Profile Books，2010：66.
⑤ [法] 亨利·列斐伏尔. 空间：社会产物与使用价值 [M]. //包亚明. 现代性与空间的生产. 上海：上海教育出版社，2003：51.

生产出资本主义社会内部两级化的空间形态，即城市内部的空间分裂和一定区域内的城乡分裂；又在全球范围内拥有不同劳动生产力的地理空间，即发达国家与不发达国家，生产出相互分裂的空间形态。发达国家和不发达国家在空间上的分裂形成流动的、中心—边缘的结构主义空间体系，这种空间分裂在本质上是资本主义生产方式空间向度的外在表现，是资本主义社会真实的空间存在方式和空间存在形态，是资本主义时代资本积累一般规律的空间化表达。对于空间的征服和整合，已经成为资本主义赖以维持的主要手段，空间生产本身已被资本占有并从属于它的逻辑。

事实上，资本积累本身就具有完整的时空意义，空间生产伴随着资本积累的始终。货币转化为资本后，资本的积累过程就是一个时间与空间相统一的过程，资本积累不仅是时间的节约，同时伴随着空间生产的重新规划过程。① "积累在一个绝对资本主义环境里是不可能的。……资本从它问世之日起就一直被驱使向非资本主义阶层和民族进行扩张，……资本主义发展只有通过向新的生产领域和新的国家不断扩张才成为可能。"②资本已经将空间转化为一种根本的增殖手段、转化为商品，资本通过占有空间以及将空间整合进资本主义的逻辑而得以维持与延续，换言之，空间是资本自身发展逻辑的必然结果。资本的空间生产是资本积累在空间上的一种表现、一个过程、一个规划，"它创建了独特的地理景观，一个由交通和通信、基础设施和领土组织构成的人造空间，这促进了它在一个历史阶段期间的资本积累，但结果仅仅是必须被摧毁并被重塑，从而为下一阶段更进一步的积累让路。所以，如果说'全球化'这个词表示任何有关近期历史地理的东西，那它最有可能是资本主义空间生产这一完全相同的基本过程的一个新的阶段。"③

资本积累的空间化是一个动态的演化过程，随着资本积累的金融化、全球化，空间生产的自我拓展和结构深化越来越加强。尤其是 20 世纪 70

---

① 马克思对此进行了详细的说明，分别表现为生产中的时空、流通中的时空，对此作者将另撰文论述。

② [德] 罗莎·卢森堡，[苏] 尼·布哈林. 帝国主义与资本积累 [M]. 柴金如，等译. 哈尔滨：黑龙江人民出版社，1982：158-159.

③ [美] 大卫·哈维. 希望的空间 [M]. 胡大平，译. 南京：南京大学出版社，2006：53.

年代以来,"资本主义卷入了一个长期大量投资于征服空间的难以置信的阶段"①。空间经济的发展受困于相互对峙、相互矛盾的两个倾向,一方面是空间的持续分散,新的空间不断产生并寻获。交通拥堵的成本、物质基础设施在使用时越来越大的刚性、租金的上涨和空间的缺乏本身都会产生空间分散的动力,空间壁垒和区域性的区分必须被拆毁;另一方面是空间的积聚,分散也会遇到强有力的限制性约束,数量庞大的资本,内嵌在土地本身当中,社会基础设施对于资本和劳动力的再生产起到了极为重要的作用,具体的劳动过程对资本的束缚也局限了它的机动性,这一切倾向于使资本保持在原地。"昂贵的物质基础设施和社会基础设施的供应,对于由积聚带来的规模经济,也是高度敏感的。"② 因此,达到空间生产所用的手段要求生产出新的地理差异,新的区域分工、新的资源复合体,以及作为资本积累动态空间的新地区,这三者全部提供了产生利润、吸收剩余资本和劳动力的新机会。但是,"这种地域扩张往往威胁到已经固定在其他地方的价值,这个矛盾是不可避免的。资本只有两个选择:出走,任由遭离弃的地方破败和贬值;又或者留在原地,无可避免地产生剩余资本,最后这些资本因为找不到有利可图的出路而泛滥成灾",③从而形成了有待克服的新的空间壁垒。

地理上分散与积聚的倾向,相互对立,彼此冲突,它们之间的稳定均衡是无法保证的。促进分散的力量,有可能很容易失控。技术、通信和运输的手段,资本的集中与分散,货币和信用的安排,以及社会基础设施和物质基础设施都会发生变革,而这会实质性地影响正在运作的各种力量之间的平衡。促进聚合的力量,有可能很容易一层层相互累积,并产生对进一步资本积累有害的过度积聚。"因此,当资本对生产力和社会关系的空间格局进行深化和拓展时,它有时不得不使深化和拓展的阶段同时发生,有时又不得不使它们相继进行。"④

---

① David Harvey. The Condition of Postmodernity: An Inquiry into the Origins of Cultural Change [M]. Oxford: Blackwell, 1989: 264.
② [美] 大卫·哈维. 资本的限度 [M]. 张寅,译. 北京:中信出版集团,2017:640.
③ [美] 大卫·哈维. 资本社会的 17 个矛盾 [M]. 许瑞宋,译. 北京:中信出版集团,2016:164.
④ [美] 大卫·哈维. 资本的限度 [M]. 张寅,译. 北京:中信出版集团,2017:640.

三、资本循环的全球性空间生产及风险的蔓延

资本的运行过程是一个有着内在裂变关系的总体化过程，即是一个不断寻求突破、有涨落、有危机的动态过程。尽管金融化可以暂时保证资本的顺利循环，并能得到更多的积累，但是在不断扩大的循环运动之中，资本主义体系内部无法消化的大量盈余资本，最终会形成资本过度积累危机。"特定地域系统（territorial system）的过度积累意味着该地域出现了劳动盈余（表现为不断上升的失业率）和资本盈余（表现为市场上大量没有卖掉而只能亏本处理掉的商品，表现为闲置的生产能力和/或缺少生产性和赢利性投资的货币资本的盈余）。"① 因此当资本主义经济发展到一定阶段，其制度的自我调整能力就会受到资本规定性的制约，不能再统筹其经济的整体性及长远发展，并体现为一种更为本质化的功能，这就是空间生产。正如马克思早就指出的，"资本一方面具有创造越来越多的剩余劳动的趋势，同样，它也具有创造越来越多的交换地点的补充趋势；……从本质上来说，就是推广以资本为基础的生产或与资本相适应的生产方式。创造世界市场的趋势已经直接包含在资本的概念本身中。"② 资本逐利的本性必然要求突破民族国家的地理界限走向世界，打破一切阻碍资本增殖的自主经济，它本身也发展成为世界市场总体。所以，"空间生产是指通过地理的扩展来吸收过剩的资本和劳动力，是一种资本的空间修复方式。"③ 这种空间生产"有一种永不停息地减少（如果不是消灭）空间障碍的动力，以及与之相伴随永不停息地加速资本周转的冲动"。④

21世纪以来，外包、精益库存体系、模块化生产等后福特制生产方式促使形成全球性空间生产，这种空间化的"灵活"性资本积累，借助资本在国际空间的协调与合作，使得资本循环的外延和内涵不断扩展。资本循

---

① [美]大卫·哈维. 新帝国主义[M]. 初立忠，沈晓雷，译. 北京：社会科学文献出版社，2009：89.
② 马克思，恩格斯. 马克思恩格斯文集（第8卷）[M]. 北京：人民出版社，2009：88.
③ 宋宪萍，孙茂竹. 资本逻辑视域中的全球性空间生产研究[J]. 马克思主义研究，2012（6）：62.
④ [美]大卫·哈维. 新帝国主义[M]. 初立忠，沈晓雷，译. 北京：社会科学文献出版社，2009：81.

环的空间生产,不仅仅是一种地理环境或者几何学意义上的存在实体,而且是一种虚拟的网络空间,是当代资本存续的新的发展路径。随着信息与通信技术的迅猛发展,先进的电脑系统容许全新而强大的数学模型,能够掌握复杂的金融商品,并且能够高效执行交易。复杂的电信系统即时连接全球的金融中心,线上管理使公司得以跨越国界,在虚拟世界运作,同时"以微电子为基础的生产促成零件的标准化,以及最终产品能够以量产、弹性生产的方式定制"①,这样就实现了一种流动的网络空间。在这种网络中,通信网络是基本的空间样貌,任何地方的领土逻辑与意义都被吸纳进网络。网络中的节点与核心根据它们在网络中的相对重要性形成有层级的组织,这种层级组织保证着一切元素的顺利流动,形成了支配性的资本逻辑。占支配地位的管理精英的空间组织,操纵着使这些空间得以接合的指导性功能,具有寰宇主义(cosmopolitan),而民众在一定意义上则是地方的代表。正是这种流动的网络空间,刺激着地方空间的发展,"区域和网络其实在全球创新的新空间镶嵌里构成了互赖的极点"②,新工业空间得以形成。这种新工业空间具有强大的技术与组织能力,可以将生产过程分散到不同区位,通过电子通信的联系来重新整合为一体,同时具有以微电子为基础的精确性和弹性。

在这种空间生产的多重维度中,资本循环发展了一种开放式的多元循环路径。无论是金融资本和产业资本的分离与融合,还是产业资本和商业资本的循环及其相互关系,每一种资本都以不同的方式依赖物质的市场空间与概念化市场空间之间的多重关系。资本循环的各个单元都能够在全球地理空间和网络空间中寻找到突破点,尤其是随着网络和信息技术的发展,跨国生产网络、跨国销售网络、消费者虚拟空间都成为强烈的趋势,全球网络为跨国金融资本和国际生产商、国际销售商以及全球消费者的服务提供了这种领土化的新"坐标"。这种新奇的空间发展根植于网络空间为大量的实体和关系同时并存提供的可能性,并影响着不同经济层面运动发展动力学和不变性之间新的越来越复杂的关系。在这种多元循环路径中,资本不仅可以从具有空间特质的地方物质资源甚或边缘上的低成本中获得积

---

① [美] 曼纽尔·卡斯特. 网络社会的崛起 [M]. 夏铸九, 等译. 北京: 社会科学文献出版社, 2001: 159.
② [美] 曼纽尔·卡斯特. 网络社会的崛起 [M]. 夏铸九, 等译. 北京: 社会科学文献出版社, 2001: 484.

累,而且,"企业能力、风险投资、科学技术的实际知识、社会态度方面的地方差异也成了其中的一部分,而影响与权力的地方网络、地方主导精英(与民族国家的政治相对立)的积累战略,也更深刻地隐含在灵活积累的体制之中"。①尽管更多的经济活动转移到网络空间,但是网络空间只是空间拓展的一种新的形式,开辟网络领土依旧是资本的逻辑,领土逻辑完全被纳入资本逻辑中。

无论是地理空间还是网络空间,资本空间化在达成一种"灵活"性资本积累的同时,也带来了资本对劳动的"软性"统治。在资本的全球性空间生产中,无论在哪里、在什么领域布局,都使得工资弹性化、就业弹性化以及功能弹性化,都能够保证一种低工资制度和培养顺服的劳动力,实现了一种"没有集权的权力集中"。②当代的"技术控制"使资本能够利用计算机和信息网络技术对劳动进行远距离操控,因而形成一种"空间化"的积累的社会结构(SSA spatialization,SSAs),即以劳动过程的空间重建和技术控制体系为前提的一种积累的社会结构。③出于对先进技术的认可,工人对这种技术控制的形式感到认同,进而忽略了或难以抗拒资本控制的本质。在 SSAs 中,资本利用全球化对劳动在"空间上"进行"分割"(segmentation)(不仅是前一时期沿着部类和级别的分割),这种"分割"通过对工人的"分裂和征服战略",使劳动市场分割为垄断优先层级和竞争附属层级,从而逆转了劳动的均衡化。垄断资本与垄断层级的工人联合起来,使这种分割得到加强。④这种新泰勒主义使工人的地位得到固化,并使中心—外围的格局得到加强。对于这样一种日益深化的格局,在苏贾

---

① [美]戴维·哈维. 后现代的状况[M]. 阎嘉,译. 北京:商务印书馆,2003:369.

② Michael Wallace, David Brady. Globalization or Spatialization? The Worldwide Spatial Restructuring of the Labor Process, in Terrence McDonough [M]//Michael Reich,David M Kotz. Contemporary Capitalism and Its Crises: Social Structure of Accumulation Theory for the 21st Century. New York: Cambridge University Press,2010:136.

③ Michael Wallace,David Brady. Globalization or Spatialization? The Worldwide Spatial Restructuring of the Labor Process, in Terrence McDonough [M]//Michael Reich,David M Kotz. Contemporary Capitalism and Its Crises: Social Structure of Accumulation Theory for the 21t Century. New York: Cambridge University Press,2010:121-122.

④ Michael Wallace,David Brady. Globalization or Spatialization? The Worldwide Spatial Restructuring of the Labor Process,in Terrence McDonough [M]//Michael Reich,David M Kotz. Contemporary Capitalism and Its Crises: Social Structure of Accumulation Theory for the 21st Century. New York: Cambridge University Press,2010:131.

看来,"资本主义……内在地建基于区域的或空间的各种不均等,这是资本主义继续生存的一个必要手段。资本主义存在本身就是以地理上的不平衡发展的支撑性存在和极其重要的工具性为先决条件的"。① 网络空间同样也是这种关系,"互联网在很大程度上受制于资本的积累过程,这一过程具有自己清楚的逻辑体系,并与数字通信所具有的许多民主潜能相抵触。而且互联网越向前发展,这一现象就会越严重"。②因此,资本在全球性空间生产过程中获得了新的相对于劳动的权力,民族国家也从建构凯恩斯主义的积累的社会结构发展到为跨国资产阶级的全球积累服务。

在空间化作用下,资本循环框架发展如图 4-1 所示。

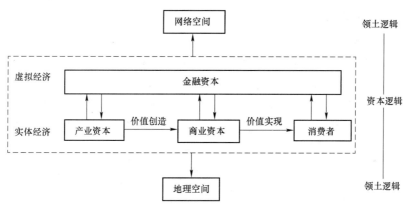

图 4-1 拓展的资本循环框架(空间化)

第二节 风险的累积——资本循环的断裂与修复

从资本循环的内在机理来说,"只有在三个循环的统一中,才能实现总过程的连续性,而不致发生上述的中断。社会总资本始终具有这种连续性,而它的过程始终是三个循环的统一"。③ 但是由资本逻辑决定的资本主义循

---

① [美] 爱德华·W 苏贾. 后现代地理学 [M]. 王文斌, 译. 北京: 商务印书馆, 2004: 162.
② John Bellamy Foster, Robert W McChesney. The Internet's Unholy Marriage to Capitalism [J]. Monthly Review, 2011, 62 (10): 3.
③ 马克思, 恩格斯. 马克思恩格斯文集 (第 6 卷) [M]. 北京: 人民出版社, 2009: 121.

环运动过程，却是一个充满矛盾、冲突和不确定性的过程，资本循环的扩展并不能消除资本主义本身所蕴含的矛盾、冲突与风险。

在资本循环过程中，资本主义生产的各个组成部分所产生的紧张和矛盾，会因矛盾达到一定程度的不可调和而显示出来，并且得到自我强化和反复爆发，从而产生资本循环的断裂以及由资本循环断裂而引发的风险和危机。

资本循环的断裂主要表现为资本循环中剩余价值的实现，而并非创造。"所有的危机都是实现的危机，导致了资本的贬值。对于资本流通及其可能分解的检视，指出了这种贬值可能采取不同的可触知形式：（1）闲置的货币资本；（2）未利用的生产能量；（3）失业或低度就业的劳动力；（4）商品的剩余（超额存货）。"① 要想修复这种断裂，必须要为剩余价值的实现找到出口。

其实，在资本循环的扩展中，金融化与空间化本身就是资本修复方式，能够从外部化解资本循环内部聚集起来的各种矛盾。当金融化与空间化能够为剩余价值的实现提供出口时，资本循环的断裂就能够得到一定程度的修复。因此，在一定时期内，资本循环的金融化与空间化，是资本循环顺利进行的有利条件。它们确实能够调节和限制资本主义经济运动过程中的矛盾冲突，保证资本的盈利能力，是促进资本积累和经济增长的有效制度安排。因此，金融化和空间化是资本增殖的需要。

然而，金融化和空间化作为资本循环修复方式，毕竟只能起到短期调和的修复作用，它们并不可能根治资本循环的断裂。在虚拟经济脱离实体经济的情况下，没有任何一个社会空间的生产能力，能够长期支撑以复利速度增长的金融资本。和资本增殖的无限性比较起来，金融化和空间化毕竟是有限的。当金融化与空间化承载不了过剩产品时，资本循环的断裂就成为必然。

更为严重地是，当作为资本增殖需要的金融化和空间化发展到一定阶段时，不仅不能修复资本循环的断裂，反而会加剧资本循环的断裂。在资本运行的总体性过程中，各种矛盾因素在这个结构化总体的现实进

---

① David Harvey. The Limits to Capital [M]. London；New York：Verso，2006：85.

程中存在着深层的二律背反,当促进资本运行的因素积累到一定程度时,就会极大地破坏这种运行,资本的运行本身就是一个内在悖论。随着金融化和空间化的不断建构,金融资本侵入一切可以带来收益的空间领域,金融资本在全球空间的膨胀,形成新的金融化积累模式。然而这种积累模式却使镶嵌在资本循环中的各种矛盾不断被激化,促使循环系统本身不断被迫脱离有序均衡状态,大大增加了资本循环修复的难度。

一、金融资本垄断加剧

列宁早就指出:"金融资本特别机动灵活,在国内和国际上都特别错综复杂地交织在一起,它特别没有个性而且脱离直接生产,特别容易集中而且已经特别高度地集中,因此整个世界的命运简直就掌握在几百个亿万富翁和百万富翁的手中。"[①]当前在发达国家,金融和保险、房地产形成一种共生的、相互支持的约定,其结果就是形成 FIRE(Finance、Insurance、Real Estate)的垄断部门,通过"公司洗劫"(corporate raiding)、"垃圾债券"(junk bonds)、"政府救助"(government bailouts)以及"风险的社会化"(socialization of risk)等方式,将任何非金融、保险和房地产部门(non-FIRE)的收入流——产业利润、税收以及超过基本需求的可供支配的个人收入等,都看作是其以利息、金融收费以及资本收益的形式来吮吸经济剩余的对象。

从表 4-1 可以看出,金融部门在美国经济中的重要性不断增强。从 1977 年到 2019 年,金融、保险、房地产(FIRE)部门的产值在 GDP 中的占比从 13.8%上升到 19.8%,总体处于上升趋势,2008 年有一个小幅下降,从 2007 年的 18.6%下降到 2008 年的 17.6%,但是 2012 年已经完全恢复到危机前的水平,达到 19.1%。在后危机的若干年中,金融、保险、房地产(FIRE)部门的产值在 GDP 中的占比一直比例很高,基本保持在 19%以上。

---

① 列宁. 列宁全集(第 27 卷)[M]. 北京:人民出版社,1990:142.

表 4-1 美国金融、保险、房地产部门（FIRE）
产值占 GDP 的比重（1977—2019）

年份	GDP （10 亿美元）	FIRE （10 亿美元）	FIRE/GDP （%）
1977	2 086	289	13.8
1982	3 345	514	15.4
1987	4 870	799	16.4
1992	6 539	1 120	17.1
1997	8 609	1 516	17.6
2002	10 936	2 071	18.9
2007	14 452	2 684	18.6
2008	14 713	2 584	17.6
2012	16 197	3 088	19.1
2017	19 519	3 866	19.8
2019	21 428	4 249	19.8

数据来源：美国商务部经济分析局网站（www.bea.gov）

目前"债权人这一特权集团已将其金融权力转化为政治权力，并集中到了华尔街及其国外的同行手中"。[①] 华尔街已经把自己的经济理论和竞选捐助转换为政治权力，从而得以掌握对公共金融的监管权，所以人们才会理解 2008 年金融危机发生以后，美国政府牺牲纳税人的利益为金融部门的损失买单，是多么地不可想象，然而又是活生生现实的匪夷所思的真实现象。金融部门不仅在美国高度集中，在全球空间中，"美国金融利益集团对今天的那些债务国家的做法极其相似，即它们以金融危机来威胁债务国家放弃对公共领域的金融控制权，而转交给那些跨国银行"。[②] 金融资本垄断的加剧破坏了资本循环的内在机理。

[①] Michael Hudson. From Marx to Goldman Sachs: The Fictions of Fictitious Capital, and the Financialization of Industry [J]. Critique, 2010, 38（3）: 438.

[②] Michael Hudson. From Marx to Goldman Sachs: The Fictions of Fictitious Capital, and the Financialization of Industry [J]. Critique, 2010, 38（3）: 433.

二、虚拟经济与实体经济严重分离

金融资本获取利润的基本条件是资产价格的上涨。为了获得预期收益，金融部门必须不断发行新的贷款，提供抵押贷款、个人贷款以及信用卡贷款，使资产价格膨胀。金融资本通过对汇率、利息率、股票和债券价格、信用违约掉期（CDS）以及各种相关的衍生品的投机，使房地产、股票和债券的价格膨胀起来，债务人可以凭借他们作为抵押品而质押的财产的收益获得更高额度的贷款，一轮又一轮，生生不息，完全是一种以债务为杠杆的资产价格膨胀。这种资本循环的结果就是，负债者将靠借来的资金去偿还债务产生的以几何级数增长的利息，相当于是金融资本对产业资本、商业资本和消费者的洗劫。这种资本的循环使得实体经济无力去创造经济剩余以投资于扩大再生产，"金融资本主义已经变成了由缠绕在生产性经济上的生息索取权所织成的网络，它以几何级数的增长速度榨取着复利"。①

从图4-2可以看到，在金融部门的地位和盈利性一路攀升的形势下，制造业和商业部门的产值比重则呈不断下降趋势，制造业的产值占比从70年代初的22.9%下降到2019年的11.0%，由于制造业普遍不景气，商业部门的产值占比也处于下降趋势，从70年代初的14.0%下降到2019年的11.4%。

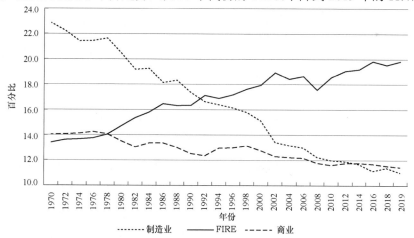

图4-2 美国国内各部门产值占GDP的比重（1970—2019）
数据来源：美国商务部经济分析局网站（www.bea.gov）

---

① Michael Hudson. From Marx to Goldman Sachs: The Fictions of Fictitious Capital, and the Financialization of Industry [J]. Critique, 2010, 38 (3): 441.

在金融资本全球膨胀的情况下，金融资本逐渐脱离了产业资本的循环，脱离了实体经济的发展，形成以未来价值索取权的占有为基础的独立状态。资本循环已经纯粹发展为 G—G′（etc.）的形式，直接与实物生产无涉，通过"零和"转移支付，由钱自己来生钱。金融资本已经退化为靠生息贷款的高利贷资本，资本增殖的本性史无前例地表现得如此直白。这样一种资本循环，完全挤压了社会资本的形成，腐蚀了劳动生产率，削弱了实体经济生产的能力，进一步导致整个利润率的下降和资本循环的脆弱性。

三、收入差距越来越大

近些年来，通过具有"诱惑利率"的抵押贷款和消费信贷等结构化金融业的零售信贷业务创新，金融扩张在很大程度上是靠着发放给低收入人群的利润极高的贷款，然后用这些贷款补贴发放给投资主体的贷款。美国蓝领工人工资收入的大约 40%用于住房，15%用于支付其他债务，如学生贷款、汽车贷款、信用卡债务等，用于支付社会保障和医疗需要 10%～15%，这样只剩下大约 1/3 的工资收入可用于食品、衣服、交通等最基本的开支。在用于支付社会保障的部分，还形成了"养老基金资本主义"（pension-fund capitalism），这是一种新的剥削工人的后工业模式，即在授权的基础上对工人实行强制储蓄，将这些钱转交给专业的货币经理去购买股票或者债券，以最快和最有把握的赚钱方式——拆卖资产来剥削工人。在缩小公司规模（downsizing）和劳务外包的过程中，工人自然成为最终受害者。同时这种"养老基金资本主义"还严重破坏了不同收入人群的差距，社会保障和医疗本来是可以由对最高收入群体征收的税收来提供的，现在被强制储蓄，被财政部拿去平衡预算，从而使其可以对高收入群体减税。目前这种"养老基金资本主义"已经扩展到全世界，全世界的经济体都把它们的养老金计划建基于金融资本的投机之上。这时，"资本的增殖不是用劳动力的被剥削来说明，相反，劳动力的生产性质却用劳动力本身是这样一种神秘的东西即生息资本来说明"。[①] 不仅工人的日常消费，工人的一生都被资本化了。通过金融化、空间

---

① 马克思,恩格斯. 马克思恩格斯文集（第 7 卷）[J]. 北京：人民出版社，2009：528.

化,工人已经成为"被围困的工人"(workers in box)[①],工人日益受到全球化、小政府、弹性劳动力市场以及摒弃充分就业目标的四面围困。

另外,最富的1%阶层的税前收入份额(含资本收入)从1970年的11.46%,上升到危机之前2007年的19.89%;危机发生时有所下降,2009年是18.47%,然而这显然没有触动分配结构的整体格局。此后最富的1%阶层的收入份额一直上升,2014年这一数据是20.35%,已经超越危机前的状态,如图4-3所示。以2016年谷歌首席执行官的收入为例,其首席执行官桑达尔·皮查伊(Sundar Pichai)的薪水总额近2亿美元,其中主要来自2016年被授予的价值1.987亿美元的股票。而谷歌员工2016年的收入中位值是14万美元左右,也就是说,其年收入是普通员工的1400多倍!这样的数据与危机发生几年后美国仍然面临着的经济波动和高失业率,是严重不匹配的。"这种'虚拟式'的增长和积累除了改变利润分配、造成两极分化之外,并没有构成真正的经济发展动力。"[②] 收入的巨大差距为资本循环的修复设置了难以逾越的障碍。

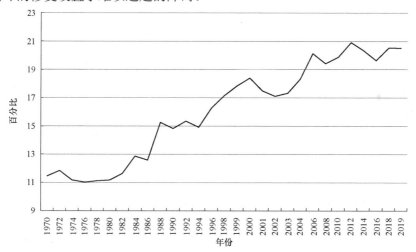

图4-3 美国最富1%人口的税前收入占比(1970—2019)
数据来源:World Inequality Database(https://wid.world/data/)

---

① Thomas I Palley. Financialization: What It Is and Why It Matters [J]. The Levy Economics Institute,2007(525):21.

② William K Tabb. Financialization in the Contemporary Social Structure of Accumulation [M]//Terrence McDonough, Michael Reich, David M Kotz. Contemporary Capitalism and Its Crises: Social Structure of Accumulation Theory for the 21st Century. New York:Cambridge University Press,2010:159.

四、全球经济泡沫的蔓延与破灭

金融创新导致了金融衍生产品不断涌现，强化了杠杆作用，催生了金融泡沫。全球金融资本的持续扩张和嵌入在该体系中的结构性权力关系，导致资本循环系统风险达到了前所未有的水平。由于金融部门进行的是一个"零和"博弈，无论金融产品再怎么创新，一旦社会上的资金（主要是实体经济部门的资金）被吸纳殆尽，则泡沫必然破裂，中产阶级投资者和借款者会被留下来慢慢承担金融化扩张的后果。空间化是金融化的必然趋势，金融化的空间拓展不是资本循环本质改变的结果，而是与全球经济相联系的经济活动空间重组的结果。去金本位制后的美元就像海绵吸水一样吸收、利用外围国家的经济空间，并向外围国家输出金融脆弱性。

在全球化空间中，全球经济融合造成的经济周期同步化使危机易于扩散且难以控制。对发达国家积极推广的结构性的金融体系，尽管很多发展中国家"多次试图制定完美的政策框架，以利用开放金融市场的好处，控制开放金融市场的弊端，结果都以失败告终，例如'华盛顿共识'名誉扫地，'新金融设计'已不复存在"。[①] 2008 年全球金融危机的爆发，就是一个最好的例证。从图 4-4 可以看到，近些年主要发达国家和主要发展中国家的经济增长率都处于下降趋势，尤其是 2008 年的金融危机使 2009 年的增长率严重下滑，除了中国和印度，其他国家都是负增长，俄罗斯的增长率甚至为-7.80%。中国和印度的突出表现也是对金融化全球空间拓展的一个反证，正是中国和印度对金融化的审慎态度，才没有深陷金融危机的泥潭。

具有讽刺意味的是，2008 年金融危机的治理主要是通过政府救助来实现的，资本循环的断裂主要是通过新一波的债务杠杆在贷款的基础上重新激活房地产、股票和债券价格的膨胀来修复。金融崩溃由于负债经济体"通过借款来摆脱债务"而得以避免，这种语言上的自相矛盾和逻辑的循环论证，正是当前发达国家"泡沫恢复"政策的写照。金融化、空间化导致的资本循环断裂却还要用负债来修复，催生资本循环断裂与修复的

---

① Johnna Montgomerie. Bridging the Critical Divide: Global Finance, Financialisation and Contemporary Capitalism [J]. Contemporary Politics, 2008, 14 (3): 246.

举措之间的因果互置和倒挂的恶性关联，是资本的穷途末路，抑或又是"创新"？

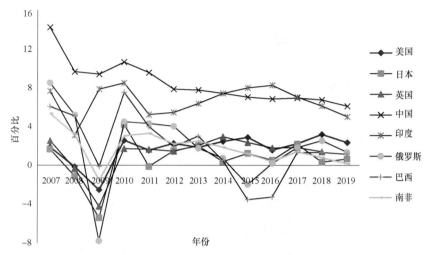

图 4-4 主要发达国家与发展中国家经济增长率（2007—2019）
数据来源：世界银行（http://data.worldbank.org/indicator/NY.GDP.MKTP.KD.ZG）

资本主义长期的经济危机内生于资本循环过程及其内部结构的矛盾运动过程。资本循环框架让我们看到了资本运行的真貌：一种不断从自身内部转变自己的生产方式，同时也不断逼迫维持它的社会和物理世界的能力，这当然是个矛盾的过程。内存于资本主义生产方式的"各种互相对抗的因素之间的冲突周期性地在危机中表现出来。危机永远只是现有矛盾的暂时的暴力的解决，永远只是使已经破坏的平衡得到瞬间恢复的暴力的爆发"。①危机甚至成为唯一对抗不均衡、恢复生产和消费的均衡的有效手段。资本一方面生产了需求及其手段的精致复杂，另一方面又造成了简单粗暴的完全未经修饰的解决方式。

无论资本循环系统发展到什么情况，只要是资本的生产，则"生产只是为资本而生产，而不是反过来生产资料只是生产者社会的生活过程不断扩大的手段"。②当然，资本主义经济这个矛盾着的总体在不断地结构化自身的同时，也在经历着总体自身的解构，这种解构来自资本主义社会结构

---

① 马克思，恩格斯. 马克思恩格斯文集（第 7 卷）[M]. 北京：人民出版社，2009：277.
② 马克思，恩格斯. 马克思恩格斯文集（第 7 卷）[M]. 北京：人民出版社，2009：278.

的内在本质规定，即生产的社会总体化与个人私有的内在矛盾，这是资本循环总体性过程中各个部分能否顺利进行的最终内在尺度。

第三节　风险社会形塑——资本主义生产方式的转变

一、从福特制到后福特制

　　资本主义经济发展的动态，并非只是市场现象，而是更广泛地受到各种社会制度制约的资本主义生产方式。资本主义生产方式是风险社会变迁的系统性根源。资本主义生产方式是社会化生产力与资本主义经济关系矛盾运动的中间承载体，同时体现劳动的技术方式和社会方式，以生产力的社会化发展为基础，又被资本主义生产关系进行规定和塑造，具有明显的社会历史特征。"资本主义生产方式是一种特殊的、具有独特历史规定性的生产方式；它和任何其他一定的生产方式一样，把社会生产力及其发展形式的一定阶段作为自己的历史条件……；同这种独特的、历史规定的生产方式相适应的生产关系，……具有独特的、历史的和暂时的性质；最后，分配关系本质上和生产关系是同一的，是生产关系的反面，所以二者都具有同样的历史的暂时的性质。"[①]资本是资本主义生产方式的推动者，资本的逻辑同样要在资本主义生产方式中展开。"我们不仅看到了资本是怎样进行生产的，而且看到了资本本身是怎样被生产出来的，资本作为一种发生了本质变化的关系，是怎样从生产过程中产生并在生产过程中发展起来的。一方面，资本改变着生产方式的形态，另一方面，生产方式的这种被改变了的形态和物质生产力的这种特殊发展阶段，是资本本身的基础和条件，是资本本身形成的前提。"[②]

　　作为一种资本主义生产方式，福特制主要以刚性积累过程为特征，以大批量生产和大批量流通并行的体制达到经济增长。其经济增长的逻辑是，通过大批量生产与大批量流通纵向一体化结合起来的规模经济达到实质生产能力的扩大，因为生产能力的扩大而增加所有工人的工资，工资增加则

[①] 马克思，恩格斯. 马克思恩格斯全集（第25卷）[M]. 北京：人民出版社，1974：993.
[②] 马克思，恩格斯. 马克思恩格斯全集（第48卷）[M]. 北京：人民出版社，1985：36.

带来更大的消费能力,这样,消费能力的提高就消化了大批量生产所需要的市场,企业依靠这种积累体制获得更大利润,并进行技术和设备投资以进一步提高其生产能力。这种良性循环并非自然而然生成的,而是通过某些政策干预来维持其运作,也即为了确保由利润转化而来的投资增长和工人购买力的增长相配合,需要凯恩斯主义宏观经济政策实施国家干预以维持有效需求。

福特制的目的是扩大为机器和资本立法的社会基础,使之真正成为社会的形式、经济的形式和调节意识的行动规则。法律的形式和权力的完美结合就是在社会范围内树立起来的权威。这是企业权威的直接元素。而当权威成为社会的普遍发展因素时,对应的权力也就直接统治着财产。于是,金融资本和工业资本在社会内部结合并统一起来,资本开始成为资产阶级社会的支配一切的权力。最终,泰勒制到福特制的发展转向促使资本家作为具体的联体资本家(而不仅仅是抽象的总体资本家)行使掌控社会生产权力、经济权力乃至政治权力的职责。这就是国家干预主义(国家成为资产阶级管理整个社会的事务委员会)和经济调节主义(促成工厂制作为主导的社会生产方式和严格的组织社会学类型的统一化)的结合,后来的理论形态就是凯恩斯主义。资本家由个体行动真正走向集体行动,由单纯的行动走向意识形态化,它因此标明资本整体进行社会治理的时代开始来临,标志着资本主义生产方式以完全的意义被历史地确立和巩固起来。

尽管如此,在资本主义生产方式的社会中,社会分工的无政府状态和企业内部分工的专制的互相制约的风险状况,并未得到根本性改变。一方面,社会劳动生产力的发展是资本的历史任务和历史权利,结果,资本主义生产神奇地发展了社会的生产力;另一方面,资本治理和契约范围随资本主义生产的范围和规模一同扩大,结果,资本主义神奇地塑造了一个个权威控制下的不平等合约。相比于泰勒制,福特制中的资本主义企业更为巨型,企业和市场、生产和流通之间的协调关系更为复杂、具有对立化的性质。并且由于资本权力在生产、分配上的统一,资本权威完全深入生产领域、流通领域和消费领域,致使生产和消费的关系从来没有像现在这样复杂而敏感:一方面,可以说消费依赖于生产,消费是生产的直接要素;另一方面,生产又严重地依赖于消费,因为它的任何一次新的扩张均以消费的扩张为直接动力。这种发展隐藏着深深的风险和危机,马克思的"预言"并没有过时。

福特制一方面使资本主义社会生产力继续得到急速发展，另一方面不断积累着社会性的结构矛盾，到20世纪60年代末期，福特主义生产模式面临着空前的风险和危机。由于福特主义生产方式是以僵硬化的装配作业线为基础，产品标准化，过程机械化，因此其产品的特点是品种整齐划一，很难适应市场的需求取向变化。然而随着消费者日渐追求差异化商品的时代来临，这种生产模式就会出现生产能力和市场容量之落差。福特制生产方式表现出批量化生产系统内长期大批固定投资的僵化，阻碍了计划的弹性和不同消费市场的稳定增长。同时发达国家生产能力的扩大出现瓶颈，许多产品和生产技术皆已进入成熟期，很难再有突破性增长，这种情况造成原有的通过科技和设备研发而提高生产能力的方式出现困难。另外在国际上开拓新市场的努力也没有太大的成效，因为许多发展中国家受限于沉重外债和较低的国民收入，不具备对发达国家产品的购买力。企业在缺乏新市场的前景下，投入技术研发的意愿也随之降低，从而对生产能力的提高更加不利，因此形成一种恶性循环。除此之外，企业开始出现以裁员来适应生产力下降及利润降低的现实，此举进一步加剧了社会消费能力的普遍紧缩，也导致恶性循环的开始。

福特主义的生产与流通基本上以发达国家内部的生产和流通为主，随着发达国家经济情况的恶化，福特主义的生产流程开始分化，部分厂商将生产流程最标准化的后段外移，这就造成外围地区的工业化。而外围地区的工业化，基本上是基于廉价劳动力，其生产是断裂的，主要供应发达国家的市场，而无内部市场。在这样的国际分工格局下，发达国家与不发达国家壁垒分明，核心、外围或半外围的区分非常清楚。然而，随着福特主义的瓦解，以及发达国家特别是新兴工业化国家的兴起，逐渐形成具有内部市场的外围福特主义，一个随着后福特主义阶段的更新的国际分工格局出现。

后福特制创造了以柔性生产体系和个性化、多样性消费特征结合为功能目标的弹性外包制。这种外包的核心内容是：努力将关键性的经济业务（核心业务）和决策保留在中心，而将非关键性的经济业务和决策不断地推向外围（以分解或打包的形式），并且采用全球性采购和销售，缩短资本的周转时间，减少生产过剩，提高资本效率。其发展网络组织的目的是形成与核心竞争力有关的结构控制,而与设计、研发、生产和销售有关的工作团队或特定任务团队的组建则是隶属于这一目的的一种副产品。归根结底,企业外包的实质性目的决定其更多地仰仗于形式层面运作,而无实质性内容,也就是说工人具有识别自己能力的形式,却没有保护自己真实权利的实质。由于这种普遍存在的适用性,弹性外包被广泛运用来增强资本治理的柔韧性、灵活性,协调生产和消费的矛盾,直至将消费(市场需求)重新带回组织生产的过程中来。这种扩展包括以组建企业网络为中心的弹性专业化生产和企业集群,以组织模块化为内容的专业分工和动态联盟,乃至以网络和模块化的互补结合为依托和内容的硅谷式生产以及创新型组织。

这种弹性外包制使空间生产在后福特制生产方式中得到了强化,人们对资本的空间生产格局越来越关注。相比较福特制生产方式,后福特制生产方式是一种能及时适应市场需求在数量及构成上的变化的新生产方式。它的最大特点是灵活性、适应性强,具有"弹性"。跨国垄断资本以弹性生产为目标,采用外包方式,借助模块关联规则将非核心模块层层外包,把发展中国家的供应商变为扩大投资、提高利润率、降低危机中的不确定性、减少市场风险的有效措施。在福特制生产方式中,采用的是空间相对集中的一体化大规模生产方式,只能依据个别关键生产环节的有效规模作为整个生产系统的设计规模,其他空间有效规模较大的生产环节则不能充分获取最优规模经济利益。而在后福特制生产方式中,以工序为对象的产品内国际垂直专业化分工,意味着可以在全球范围内寻找最优越的区位进行相关的产品价值链环节的生产布点,更充分地利用各国资源禀赋差异及各生产工序环节不同的规模经济,降低最终产品的平均生产成本,获取更大的专业化生产与分工利益。因此在国际垂直专业化分工的条件下,把对应不同有效规模的产出区段分离出来,安排到不同空间场合进行生产,则可实现多方面、全过程的规模经济,从而达到节省平均成本和提升资源配置效率的目标。后福特制生产方式下,对地方环境的差异、劳动者成本和技能以及税收或者政策环境的考虑和安排,不是既定的,而是通过资本投资的再生产、劳动的地理分工、再生产活动的空间分隔和社会差异的空间控制的动态变迁。

后福特制生产方式的深化,带来了全球生产网络的出现与发展。全球生产网络的形成，体现了跨国垄断资本新的本质特征，反映了以跨国公司为主体的跨国垄断资本战略运作过程中对时间与空间要素的并行运用，即通过对网络不同节点之间的价值链活动进行时空协调，同时追求全球产业竞争所必需的时间（速度）经济与空间聚集经济效应。"生产网络在本质上具有地理性"[①]，因此，创造"战略集聚"（strategic agglomeration），从而主动塑造有利于自身战略意图的新的全球产业空间疆域，本身就是跨国垄断资本战略运作过程中的内生要素。这种基于全球价值链关系所形成的产业特定地理空间构型及其转换，成为跨国公司全球竞争优势的重要来源之一。

与福特制生产方式中激起国家反市场反映的凯恩斯主义浪潮不同，后福特制生产方式的国际分工与全球市场网络的深化，引发了国家的共谋。"尽管仍然是一个管理型国家，但它的管理与其说是反对市场，不如说是保卫市场。……因而，社会就处于来自经济和国家的双重威胁之下。"[②]这说明在后福特制生产方式下，不仅劳工权利，而且社会权利也需要同时被保护乃至武装起来。因此，与其说后福特制是对福特制的替代，不如说是对福特主义生产危机的消化、调整乃至克服。从根本上说，后福特制不是预示着一个新的经济时代的形成，而是新的经济调节和治理时代的产生。

后福特主义时代，资本的策略不仅表现在宏观政策上国家的共谋，在微观上也突出反映了资本的霸权。后福特制资本主义的"弹性"主要表现在跨国公司灵活地在世界范围内转换生产和交换地点。资本主义采用新技术后获得了更大的弹性空间，"这些新技术赋予资本和生产难以想象的机动性，因此生产的地区似乎总是在不停地转换，以便寻找资本对抗劳工的最大优势，同时尽量避免社会和政治干涉（这就是所谓的弹性生产）"。[③] 跨国资本可以更灵活地不断趋向那些可以榨取别国工人阶级最大剩余价值的地方。正是在生产地点的灵活转移中，跨国资本通过当地政府的支持，取得了在第三世界国家和地区的合法性，"于是新型的'弹性生产'使得不必

[①] [美] 彼得·迪肯. 全球性转变——重塑 21 世纪的全球经济地图 [M]. 刘卫东, 等译. 北京: 商务印书馆, 2009: 25.

[②] [美] 麦克·布洛维. 公共社会学 [M]. 沈原, 等译. 北京: 社会科学文献出版社, 2007: 70.

[③] [美] 阿里夫·德里克. 跨国资本时代的后殖民批评 [M]. 王宁, 等译. 北京: 北京大学出版社, 2004: 150.

再依靠高压来统治国内和国外（殖民地）的劳工，至于那些对资本的需求没有反应的人们或地区，或因距离遥远不能及时反应的，则被彻底排除在外了"。①跨国资本以一种更温和、更隐蔽的方式实现了霸权。在全球生产网络的拓展过程中，跨国公司为销售其产品，在全球范围内开拓市场，为了达到这一目的，"它们首先必须把握住社会、政治和文化关系的全部复杂性"②。这就意味着跨国公司必须了解所在的当地的消费者的消费习惯和各种文化因素，同时将当地的文化因素打碎，并和资本主义文化杂糅在一起，灵活地生产出当地的消费需求和消费方式，灵活地销售其产品。因而在获取经济利益的同时，跨国资本按照资本的生产和产品的销售来改造、吞并、抹杀了别的地方文化，实现了用资本主义的文化来同化别的地方性文化的文化霸权目的。而这些公司又与中心地区的国家遥相呼应，"跨国公司并不像其表面上所显出的那样无家可归，因为它们的权力在某些措施上依赖国家行为；最强有力的公司恰恰是那些与世界体系的核心国家相认同的公司，这一点绝非偶然"。③

建立在以不平等交换为特征的劳动分工基础上的全球生产网络，在空间上并不是均匀分布的，而是具有向心性的价值网络。剩余价值从网络的四周向网络的中心集中，在中心地区进行资本积累，中心地区在整个再生产过程中的支配权力进一步得到强化。中心—外围的分工结构明显，这使得发达资本主义国家内部的生产与消费的矛盾和风险外化为发达国家和发展中国家的矛盾，风险随之外溢到发展中国家。

二、资本—劳动关系的弹性化

在资本主义生产方式的转变中，除了技术方式发生转变，生产关系也发生了变化。生产关系本身是资本主义生产过程的一个内在要素，资本主义生产过程包含着重新创造出雇佣工人，包含着实现和增大现有资本的手

---

① [美] 阿里夫·德里克. 跨国资本时代的后殖民批评 [M]. 王宁，等译. 北京：北京大学出版社，2004：153.
② [美] 阿里夫·德里克. 跨国资本时代的后殖民批评 [M]. 王宁，等译. 北京：北京大学出版社，2004：156.
③ [美] 阿里夫·德里克. 后革命氛围 [M]. 王宁，等译. 北京：中国社会科学出版社，1999：18.

段,这或者是使从前尚未被资本主义生产所支配的那一部分人口,如妇女和儿童,从属于资本,或者是使由于人口自然增长而增多的大量工人从属于资本。进一步分析表明,"资本会根据自己的剥削需要来调节劳动力本身的这种生产,即受资本剥削的人群的生产。所以,资本不仅生产资本,它还生产不断增长的大量工人,即这样一种材料,资本只有借助于这种材料才能作为追加资本发挥作用。因此,不仅劳动在日益扩大的规模上生产着作为资本同自己相对立的劳动条件,而且资本也在日益扩大的规模上生产着自己所需要的生产的雇佣工人"。①

在福特制危机出现以前,大规模生产方式对工人的控制,主要是通过分解工人的劳动,以及分离劳动过程中的"概念"(conception)和"执行"(execution)来实现的②。马克思对此进行了深刻揭露:"工场手工业使工人畸形发展,变成局部工人,大工业则把科学作为一种独立的生产能力与劳动分离开来,并迫使科学为资本服务。在工场手工业中,总体工人从而资本在社会生产力上的富有,是以工人在个人生产力上的贫乏为条件的。"③这是资本与劳动利益对抗的重要方面,资本对劳动拥有绝对的控制权,资本与劳动的关系也表现为冲突和对立。尤其在福特制生产方式下,社会生产率的提高正是通过这种绝对控制与工人的服从来实现,并进而生产出资本统治劳动的新条件。工人的职能越来越标准化,不需要技术含量,业务操作非常容易和简单。为了削减成本,企业支付的工资相当低,工人周转率随之非常高,管理方也并不在乎,因为替换工人太容易了,工人反对管理方的唯一办法就是离职不干,这样,"高周转率等于是安全阀,使管理方的权威得到了加强"。④

由于长期以来的利润率下降危机和竞争的压力,在后福特制生产方式下,管理者开始把提高竞争力的注意力转移到了工人身上,注重培养具有一定专业技能和充分自主控制权的雇佣劳动者,加强劳动者的个人特质、态度、性格品质或者倾向方面的认同。通过设立人事部门、将工头纳入管

---

① 马克思,恩格斯. 马克思恩格斯文集(第8卷)[M]. 北京:人民出版社,2009:543-544.
② [美]哈里·布雷弗曼. 劳动与垄断资本[M]. 方生,等译. 北京:商务印书馆,1979:103-112.
③ 马克思,恩格斯. 马克思恩格斯文集(第5卷)[M]. 北京:人民出版社,2009:418.
④ [加]罗伯特·W 考克斯. 生产、权力和世界秩序——社会力量在缔造历史中的作用[M]. 林华,译. 北京:世界知识出版社,2004:237.

理层、建立公司工会、内部国家（主要指集体谈判）等多种方式赢得工人对生产和管理的认同，来加强劳资之间的合作①，同意的重要性上升了，而强制的则下降了②。

从表面上看，与福特制不同，后福特制强调的是让企业管理和流通体系更具柔性或弹性，以便更好地应对市场竞争。然而事实却是，在跨国生产网络中，"微笑曲线"两端高附加值的创新研发和销售服务逐渐集中于中心企业，核心和边缘劳动力结合起来，建立了一个结构化的劳动控制网络，形成工人阶级的原子化和分散化（atomization and fragmentation）。如果说福特主义时代的工人是"大众工人"（mass worker），则后福特主义时代由于资本的全球化，工人成为"社会工人"或"社会化工人"（social worker or socialized worker）。③工人阶级由传统的生产的一体化分散到了社会的各个层面。④如果说福特主义时代，工人劳动意味着劳动者与劳动资料的分离的话，则后福特主义时代由于跨国企业在全球的布展，工人的劳动被严格地整合进了公司的信息体系之中，并在自主劳动的幻像下受制于自己所在子公司的劳动过程之中。这个劳动过程是由资本的力量策划的，用以打散（decompose）原来的社会主体即大众工人的组织或构成，消解工人的凝聚能力，剥夺工人已获得的利益。工人阶级的构成在历史的劳资冲突中总是处于不断的解构（the decompositional forces）与重构（the recompositional possibilities）过程中，后福特制也不例外。

一方面，在后福特制中，跨国企业在资本的拓展中大量使用临时工、兼职工。在劳资关系方面，跨国企业具有更强的将劳资冲突整合为劳资双方在资方控制下进行"合作"的能力⑤。后福特制下的不同国家和地区的工人更加原子化、分层化、碎片化，核心劳动力群体规模不断缩减，边缘劳

---

① [美] 威廉·拉佐尼克. 车间的竞争优势 [M]. 徐华，黄虹，译. 北京：中国人民大学出版社，2007：259 - 264.

② [美] 迈克尔·布若威. 制造同意——垄断资本主义劳动过程的变迁 [M]. 李荣荣，译. 北京：商务印书馆，2008：3.

③ Steve Wright. Storming Heaven：Class Composition and Struggle In Italian Autonomist Marxism [M]. London：Pluto Press，2002.

④ Finn Bowring. From the Mass Worker to the Multitude：A Theoretical Contextualisation of Hardt and Negri's Empire [J]. Capital&Class，2004，28（2）：101 - 132.

⑤ 谢富胜. 分工、技术与生产企业变迁 [M]. 北京：经济科学出版社，2005：259.

动力群体规模急剧膨胀,强资本弱劳工的劳资关系得到了进一步强化。甚至"资方—工人的冲突被转变成了工作组织所导致的竞争与团体内部的斗争。将等级的支配转变为横向的对抗……"①,在这种情况下,"个体只不过是执行资本主义关系逻辑"②。共同的客观利益在现实中无从发挥作用,因为真正对工人起作用的是他们为企业意识形态所统摄和影响的主观体验的利益,这些利益不但各自殊异,而且和资方主导的企业利益趋向一致。"在垄断资本主义之下,个体精神中抵抗资本主义支配结构的能力却被剥夺了。"③

另一方面,跨国企业用"电子全景监控"(electronic panopticon)技术来替代直接控制,充当了回归认同形体的角色。在后福特制管理控制去形体化(disembodying)、员工认同趋于模糊化的背景下,跨国企业的管理者反而需要通过电子全景监控视频画面来监视员工的行为。即使在流通产业发达的英国和美国,"管理层仍然不信任工人。大部分的管理仍然是传统的,控制仍然是工作过程中不可或缺的、关键的要素,不同的是,监督上开始采用各种电子技术"。④这种方式不仅没有得到员工的认同,反而招来了员工的极大反感。正是这些破坏工人阶级整体性的措施产生了新一轮的工人斗争,从而形成权力重构的社会历史条件和前提。

在劳动力的空间结构上,资产阶级通过它们的空间策略——分散、分而治之、在地理上瓦解工人,跨国公司及其相关网络,通过业务的外包在全球雇佣劳动力并组织全球经济的核心劳动力。在跨国公司及相关网络的不同功能和策略下,位于不同国家的劳动力形成分工与依赖关系。尽管大多数劳动力不会在网络里流通,但他们必须依赖网络中其他区段的功能、演变和行为,这就造成劳动力的层级化、区段化⑤,从而促使"全球劳动力"

---

① [美]迈克尔·布若威. 制造同意——垄断资本主义劳动过程的变迁[M]. 李荣荣,译. 北京:商务印书馆,2008:80.
② [美]迈克尔·布若威. 制造同意——垄断资本主义劳动过程的变迁[M]. 李荣荣,译. 北京:商务印书馆,2008:182.
③ [美]迈克尔·布若威. 制造同意——垄断资本主义劳动过程的变迁[M]. 李荣荣,译,北京:商务印书馆,2008:182.
④ 谢富胜,周亚霆. 知识经济与资本主义劳动过程[J]. 教学与研究,2012(4):65.
⑤ [美]曼纽尔·卡斯特. 网络社会的崛起[M]. 夏铸九,王志弘,等译,北京:社会科学文献出版社,2003:285.

出现和全球劳动力市场的形成①。当然,相对资本的自由流动而言,劳动力流动受到制度、法律、国界等诸多因素的束缚,并不能随意跨越国界运动;但资本的全球自由流动将相对固定的劳动力纳入网络之中,取得了相对流动性,从而劳动力的新景观在资本的切割和引导下形成。

在跨国企业的全球扩张与渗透过程中,处于网络中的各个国家的劳动力不仅在功能上互赖性增强,同时在劳动力就业条件层面上的相互依赖性也在增强。尽管各国国内有不同的薪资与审核保护水平,但是各国劳动力在技能与技术方面的差异却日渐缩小。随着网络中劳动力供给的增加,工人工资在不断下降。同时劳动力收入也在分化,日本学者大前研一通过对日本各个阶层收入的分析指出,日本的 M 型社会正在形成②。美国学者通过实证研究也认为美国的沙漏型社会已经形成③。在任何历史转变的过程中,系统变迁最直接的表现之一,乃是就业与职业结构的转型。随着劳动力的层级化和区段化,被纳入全球生产网络之中的劳动力就业结构和职业结构也在悄然改变。

随着跨国企业在全球的拓展,称得上安全、稳定、有保障的工作愈来愈少了。跨国企业在空间的拓展中大量使用临时工、兼职工或把非正式公司作为低级别的供应商。这不仅导致跨国组织之间、核心组织和外围组织、全日制工和临时或兼职工人之间产生了分化,将劳资矛盾转化为这些工人之间的矛盾,而且也加强了资方对核心组织内工人、全日制工人的控制。因此,跨国企业的全球化组织形式是一种更"精巧的结构化劳动控制体系"。在劳资关系方面,它比福特制具有更强的将劳资冲突整合为劳资双方在资方控制下进行"合作"的能力④。后福特制下的不同国家和地区的工人更加原子化、碎片化,核心工人不断减少,而边缘工人或弹性工人日益增多,强资本弱劳工的劳资关系得到了进一步强化。

---

① [美] 曼纽尔·卡斯特. 网络社会的崛起 [M]. 夏铸九、王志弘,等译. 北京:社会科学文献出版社,2003:280-289.

② [日] 大前研一. M 型社会:中产阶级消失的危机与商机 [M]. 刘锦秀,等译. 北京:中信出版社,2007:40.

③ Bennett Harrison. Lean and Mean: The Changing Landscape of Corporate Power in the Age of Flexibility [M]. New York: Guilford Press, 1997.

④ 谢富胜. 分工、技术与生产企业变迁 [M]. 北京:经济科学出版社,2005:259.

这样，后福特制生产方式下跨国企业所主张的管理理念和认同的管理实践，如自动化生产、对员工的电子监控、弹性生产团队等，只不过是对福特制进行了一些表面性的粗浅修饰，并没有触及福特制劳动分工的本质。从某种意义上说，这些新的管理技术或手段加剧了分工的碎片化，强化了对员工的控制，并且实际削弱了员工自治。① 更具体地说，在新的组织形态下，传统的规训手段失去了用武之地，但规训的实质丝毫没变，只不过规训的对象不再是员工的行为，而是员工的思想、情感和身份认同（Maravelias，2007）。②

所以，在劳动与资本关系的解构与重构中，资本的逻辑并没有发生变化，"'资本'是社会整体层次上的更系统、更规则的异化能力运作的结果。它有规律地选择人类的目标以便和自己的目标（价值的自身价格）一致，并且有规律地约束所有的人类追求，而这与这种非人类的追求是一致的"。③ 后福特制生产方式中的跨国企业的全球拓展，使"我们不仅看到了资本是怎样进行生产的，而且看到了资本本身是怎样被生产出来的，资本作为一种发生了本质变化的关系，是怎样从生产过程中产生并在生产过程中发展起来的。一方面，资本改变生产方式的形态，另一方面，生产方式的这种被改变了的形态和物质生产力的这种特殊发展阶段，是资本本身形成的基础和条件，是资本本身形成的前提"。④

三、风险社会的演化本质

按照新古典主义的逻辑，在一个功能完善的市场体系中，市场均衡是一种常态化质性，市场是可以自我校正的，不可能存在生产能力过剩。然而不幸的是，这种描述并不符合现实情况，发达国家的市场总是生产能力

---

① Moor L, Littler J. Fourth Worlds and Neo – Fordism: American Apparel and the Cultural Economy of Consumer Anxiety [J]. Cultural Studies，2008，22（5）：700 – 723.

② Maravelias C. Freedom at Work in the Age of Post – bureaucratic Organization [J]. Ephemera，2007（7）4：555 – 574.

③ 托尼·史密斯. 1861—1863 年手稿中关于机器问题的论述 [M] // [意] 理查德·贝洛菲尔，罗伯特·芬奇. 重读马克思——历史考证版之后的新视野. 徐素华，译. 北京：东方出版社，2010：163.

④ 马克思，恩格斯. 马克思恩格斯文集（第 8 卷）[M]. 北京：人民出版社，2009：392.

严重过剩。无论是国家干预主义为特征的福特制,还是国家共谋为特征的后福特制,资本主义自我调控的各种手段的广泛应用,使资本主义自我调控增强,经济风险貌似得到了"有效控制"。但实质上,在资本主义自我调控的过程中,资本主义的内在矛盾不但未得到根本克服,反而导致生产社会化与生产资料私人占有之间的内在紧张出现了风险的转化和外溢效应。

随着资本主义生产方式的调整和深化,风险的构成、图景将不断展开并进一步复杂化,后福特制生产方式维持繁荣表象的时间得以延长,而高额债务及其杠杆作用将使风险不断扩大和深化,最终爆发的风险和危机会更为严重,原本只是在经济领域爆发的社会风险,扩展到政治、社会、文化和生态等其他各个领域。风险的危险程度大大加深,风险现象越来越复杂化,多重风险因素交织在一起,显性的风险和潜在的风险交织在一起。这种多重风险后果的交织,表现为从单一风险后果转向多重风险后果,从单一风险主体转向多重风险主体。发达资本主义国家在控制和缓解社会风险的同时,只是从表面上进行缓解,这种调整,不仅不能治理风险,反而使社会风险无处不在,潜在风险越来越大,使风险社会的广度和深度不断发展,资本主义固有矛盾的不可克服性得到强化,从而使得社会危机爆发的可能性增大。与此同时,随着世界市场的形成和全球化时代的到来,风险日益成为全球性风险。在全球化条件下,资本主义无法克服的内在矛盾由传统的资本主义企业内部的有序性与整个社会的无序性之间的矛盾,在全球范围内扩大为发达国家的巨型垄断财团或跨国企业内部的相对有组织性与资本在全球范围流动的无序性之间的矛盾。世界范围的新自由主义,力求从外部化解资本积累内部聚集起来的各种矛盾,促使全球来共同消化发达国家的生产过剩。由此,原来在一国或一个区域内表现的风险现在转化、放大为全球的风险。性质迥异的要素、行为、模式耦合在一起,各种冲突、协同、再造、涌现纷纷产生,系统本身所具有的非线性、不确定性等机制内生出的新风险源不断增加,原来只是存在于单一国家内的风险耦合"同步"成全球性风险,矛盾的特殊性转化成了矛盾的普遍性。风险社会的复杂化是资本主义生产方式的制度效应。

因此,随着资本主义生产方式的演进,包括生产、流通、交换、消费在内几乎所有的环节和层面都被风险所贯穿与塑型,当新自由主义和全球化市场深刻地影响到整个人类社会时,风险社会发展到了新的阶段。在这样的风险社会中,所有的风险都在资本逻辑的投影下被重置与再造,而所有的资本和市场决策都是一个不断消除风险与重构风险的过程,风险与资本逻辑已经深度切入对方。从本质上来讲,风险社会是资本逻辑系统运作的结果,任何资本决策在重建秩序之际也蕴含着演生风险的可能。复杂化的现代经济模式在力图建构具有利润前景的经济秩序的同时,也敞开了广域丛生的风险之境,经由资本向度而增生的风险,事实上已是现代经济社会最危险的敌人。

无论资本主义生产方式如何演进,都是以获取无限利润和进行无限积累为目标的经济系统,目前过快的扩张与需求不足、放松管制与追逐利益、弱化政府与公共服务缺失带来的成本上升、过快的环境透支与环境资源约束等诱发风险和危机的潜在矛盾,依然适用马克思主义风险社会理论的分析框架。

第五章　当前北京市社会发展面临的主要风险

　　自从中国推行市场经济改革以来,资本的力量使城市化得到空前发展,在劳动、资本、技术和管理等四大生产要素中,资本已经成为非常重要的要素,资本与其他要素共同推动了经济增长,带来了市场活力,但是不同力量对经济发展的影响各不相同。在我国公有制为主体、多种所有制经济共同发展,按劳分配为主体、多种分配方式并存,以及社会主义市场经济体制的发展中,资本要素的被利用过程也使社会结构及各个地区呈现出一定的复杂性和风险性。同时,北京市在打造世界城市的过程中,与世界经济政治的融合与渗透越来越深入,中国模式的创新使北京市的发展在全球跨国资本运动中既有机遇又有风险。全球风险社会带来了高度不确定性和高度复杂性,从社会思想到社会实践、从社会结构到社会过程,这种全景式的风险属性存在着大量孕育社会风险的复杂性机制和非线性行为。所以,社会风险的来临是当下任何社会必然要面对的时代际遇,无论是承认还是拒绝,它都将以显性或隐性的方式嵌入我们的日常经济生活与社会实践之中,深刻地影响与构建着当代社会的不同层面。需要明确的是,尽管北京市还会存在社会风险,但不具有风险社会形成的内在致病基因,所以不是风险社会。在这里,本章将首先秉承前文中的资本逻辑框架就城市一般社会风险的生发与演化进行分析,再结合北京市社会发展状况,主要对资本要素而引致的社会风险因素进行具体分析。

第一节　资本逻辑视域中城市社会风险

一、资本的城市化

资本逻辑创造了空间，同时也制造了空间上的地理摩擦，原子式的市场空间又要求产业集聚，因此最大限度地克服植根于资本不同生产部类和职能的个体之间的空间摩擦，从而终结"财产和人口的分散状态"，并"使人口密集起来，使生产资料集中起来"。① 在这样的情形下，作为承担资本流动演化与扩大再生产的主要场域的现代城市，比以往历史上任何时期的城市更凸显资本逻辑，城市建构成为空间生产最具显示度的领域。作为一个"人造环境"，城市是一个复杂的复合商品，它由无数内嵌于物理景观中的使用价值组成——工厂、仓库、办公室、学校和医院、住宅、商店、道路、运河、码头和港口、下水道、公园等，这些组成要素作为生产、分配、交换、消费的集聚过程相关的整体来起作用。在任何一个时刻，城市都表现为许多景观的组合，而这些景观是按照不同生产方式的规定以及这些生产方式历史发展的不同阶段被塑造出来的。"资本再生产以多种途径通过城市化过程得以实现。"②

在资本逻辑主导的条件下，现代城市并不是工业化直线发展到高度阶段的产物，而是工业化与消费社会衰退之后的空间积累现象或溢出的剩余物。既然所有要素都采取了商品的物化形式，城市资本积累的方式也发生了重要变化，源于资本的"弹性积累"，城市体现了一幕幕创造性地破坏与重建人造地理环境的景观。特别是特大型大都市，福特制大批量空间生产活动之前的那种生产方式已经不复存在了，取而代之的是福特制生产方式以及后福特制生产方式下鳞次栉比的高楼大厦、层级化和断裂化的居住区、即时发达的网络通信和复杂拥堵的城市交通。这种城市化主要表现为：

首先，大工业主导的垄断格局。随着资本的发展，规模增加、资本集中、垂直整合和企业内部形式的多样化，垄断替代了自由竞争。这种垄断

---

① 马克思，恩格斯. 马克思恩格斯文集（第 2 卷）[M]. 北京：人民出版社，2009：36.
② [美] 戴维·哈维. 叛逆的城市 [M]. 叶齐茂，倪晓晖，译. 北京：商务印书馆，2014：67.

格局由大工业主导，大工业"建立了现代的大工业城市——它们的出现如雨后春笋——来代替自然形成的城市"。① 大工业重新定义城市诞生和成长的速度和图景，工业化的形态更替与结构调整的轨迹同城市化的内在节奏彼此吻合，使城市的工业化成为一种普遍性的社会历史进程。它在一国之内表现为大工业不断从一个区域拓展至另一个区域，不断开辟工业新的母体，不断创造新的大城市；而在世界层面上，大工业以同样的逻辑推动了由工业国家与农业国家构成的全球性的城市分工体系，使城市化进程以不同速率和不同构型向世界各地蔓延开去。正是城市的这种人造环境，使资本的提速扩张成为可能，并且为资本提供了其他功能要件，提供了消解投资剩余资本的可能空间，"这种投资机会为资本提供了一种'空间修复'，去处理周转、剩余、投资不足的种种危机"②。

其次，劳动力的高度集中。生产的高度集中、大机器生产从根本上改变了时间和空间的概念，标准化、规模化大生产的生产方式应运而生。这种生产方式带来了劳动力的高度集中、大工业对大批量劳动力的需求，使城市中的劳动力激增。"工业的迅速发展产生了对人手的需要；工资提高了，因此，工人成群结队地从农业地区涌入城市。人口急剧增长，而且增加的几乎全是无产者阶级。"③ 高密度的人口为企业生产提供了巨大的市场，分担了成本，凸显了城市聚集效应的优势，并对城市生产关系进行再造。"城市是人员和公司之间物理距离的消失。它们代表了接近性、人口密度和亲近性。"④ 因此，劳动力的充分供应，是城市成长的必要条件。同时，劳动力市场的通用性带来了劳动力的机动性，劳动力越具有机动性，资本就越可以轻易地采用新的劳动过程，并凭借最佳的城市位置来获利，"劳动力在地理上的自由的机动性表现为资本积累的一个必要条件"⑤。

再次，非盈利性集体消费需求的增长。"潜藏于'城市'内的劳动力再生产，其现实化的特殊条件除了一般的生产技术——社会性动机之外，还

---

① 马克思，恩格斯. 马克思恩格斯文集（第1卷）[M]. 北京：人民出版社，2009：566.
② [美]艾拉·卡茨纳尔逊. 马克思主义与城市[M]. 王爱松，译. 南京：江苏教育出版社，2013：106.
③ 马克思，恩格斯. 马克思恩格斯文集（第1卷）[M]. 北京：人民出版社，2009：402.
④ [美]爱德华·格莱泽. 城市的胜利[M]. 刘润泉，译. 上海：上海社会科学院出版社，2012：5.
⑤ [美]大卫·哈维. 资本的限度[M]. 张寅，译. 北京：中信出版集团，2017：587.

包括消费方式集中等生产条件的集体化。于是，城市就不仅与空间形式相关联，而且还传递出再生产过程的社会化组织方式"。① 既然资本是资本主义生产方式的关键要素，那么在正式的生产开始之前，"就必须有资本投入来购买设备、支付原料以及各类服务开销，当然还有房租"。② 消费作为"劳动能力的空间表达"③，将城市劳动人口生存必需的食物、能源以及其他相关商品和服务性资源的多元社会性需求，具象化为旨在满足普通市民社会性再生产的刚需住房、公共教育、公共交通、医疗保健等非盈利性城市集体消费对象。这些集体消费对象作为社会基础设施的有机统一体，虽然是城市普通居民为了维持日常生活需要，进而使生产力得以延伸的必要条件，但因其公共产品的属性与私人资本的理性投资要求完全相悖，所以这种集体消费需求的市场供给必然严重不足，这就导致资本城市规划路径与城市居民之间会存在长期的根本的结构性对立，"在生产系统中所占的位置决定了产品在社会群体中的分配"④。于是，在另一方面，旨在调和集体消费的供给需求差距并保证资本长时期稳定积累的国家财政干预政策就呼之欲出，用以保障统治方式并实现长期价值积累的必要手段。当然，这种计划外税收或非盈利投资对资本局部利益的国家干预效果并不尽如人意，例如公共住房供给"在数量上处于相当低的水平……仍是依照私有市场上进行计算"⑤。被剥夺了生产资料的劳动家庭，无论是在繁荣时期还是萧条时期，劳动力本身才是劳动力所拥有的唯一"财产"形式。

二、资本逻辑的城市风险指向

城市建构不仅成为空间生产最具显示度的领域，同时城市的建构和发

---

① Manuel Castells. The Urban Question: A Marxist Approach [M]. London: Edward Arnold, 1977: 431.
② [法]托马斯·皮凯蒂. 21世纪资本论[M]. 巴曙松，等译. 北京：中信出版社，2015: 396.
③ [美]爱德华·W 苏贾. 后大都市——城市和区域的批判性研究[M]. 李钧，等译. 上海：上海教育出版社，2006: 131.
④ Manuel Castells. City, Class and Power [M]. London: Macmillan Education Press, 1978: 15.
⑤ [美]曼纽尔·卡斯特. 发达资本主义的集体消费与城市矛盾[J]. 姜珊，译. 国际城市规划，2009（1）：294.

展也成为各种社会矛盾的聚焦点和利益博弈的交叉点。城市作为一个复杂、多维的有机体，在不同的发展阶段面对不同的空间样态、城市问题与发展语境，人们往往会从不同的思维方式、价值观念等出发，建构起不同范式的城市风险观。尽管人们对城市风险的研究范式或者说向度迥异，但不外乎是这样几种：以技术—经济为核心的城市风险维度、以社会—政治为核心的城市风险维度、以文化—生活为核心的城市风险维度、以生态—环境为核心的城市风险维度。而历史与逻辑相统一的方法，才是把握社会问题、社会结构的基本方法。秉承资本逻辑的内在线索来考察城市社会风险，更是一个有益的探索。

第一，城市发展的固定资本阻隔。

城市作为一种具有空间秩序的复杂复合商品，本身就是固定资本的沉淀，然而固定资本对城市的维护、更新和转化都带来了严峻的两难困境。一方面，固定资本是城市发展的保证。城市建设中多种形式的固定资本，例如船坞和港口、运输系统以及现代的一体化的大型生产设施和基础设施，无论是规模庞大、高度耐用的固定资本，还是土地上的各种建筑物，都极具规模经济效应。这些富有张力的资本的集中与空间秩序的分散，表现为对象化的知识力量，是生产力发展水平的直接样貌呈现。在城市固定资本的布局中，固定资本将劳动生产力提升到了新的高度，同时又确保了过去的"死"劳动（即体现在商品中的资本）对工作过程中的"活"劳动的统治。"资本主义立足于剩余价值的循环，而城市扮演的角色则是在该过程中通过社会的、经济的、技术的以及制度性的手段控制着剩余价值的集中方式。"① 因此，"从剩余价值生产的立场来看，固定资本表现为'资本的最恰当的形式'"。②

另一方面，固定资本又是城市发展的屏障。在城市中，固定资本的价值被固定在一定的使用价值上，并与特定技术条件下特定形式的商品生产相联系，必须掌控作为对等价值的未来劳动才能实现自己的价值。由于不同的要素具有不同的物理上的使用期限和不同的老化程度，而使经济上的折旧、置换和转化呈现出时间的不一致性。然而，"如果总的资本价值构成

---

① David Harvey. Social Justice and the City [M]. Athens: The University of Georgia Press, 2009: 232-233.
② [美] 大卫·哈维. 资本的限度 [M]. 张寅, 译. 北京: 中信出版集团, 2017: 378.

要在强大的技术变革面前保持稳定,就要迫使一部分固定的不变资本丧失价值。因此,过度积累和价值丧失的概念对固定资本的流通起到了特殊的作用"。① 技术变革引起固定资本的加速周转和置换,这些振荡和不平衡很快发展成了爆发式的振荡或对平衡增长路线的单调发散(monotonic divergence)。"固定资本的流通被相互矛盾的力量的罗网所纠缠,而这些力量关系到技术变革、不均衡、危机的形成、过度积累和价值丧失。"② 因此,"固定资本限制了资本主义在未来的发展轨迹,妨碍了进一步的技术变革,并对资本进行了强制,原因恰好在于它'被束缚在自己一定的使用价值的存在中'"。③ 固定资本的流通特征使资本积累的节奏产生不可避免的强烈循环波动,这些波动又为消费基金的形成过程注入循环波动因素,后者在某些情况下可能会由于乘数效应而放大对均衡的偏离,城市发展的原因成为城市发展的障碍,二者的辩证统一成就了城市的机遇与风险并存。"固定资本从生产的立场来看表现为资本的成就的顶峰,从资本流通的立场来看却只是进一步的资本积累所面临的障碍。于是,资本'在资本本身的性质上遇到了限制'。解决这些矛盾的办法只有两种。它们要么在危机的进程中得到强制的处理,要么转移到某个更高的、更加全面的层面上,并为一种不同的、往往更加深重的危机的形成提供养料。"④

第二,城市主体的结构性分化。

由于自动化、标准化、机械化的工业大生产,许多人工劳动出现降低技术需求(deskilling)的趋势⑤,柔性生产降低了对熟练体力劳动者的需求,从而削弱了他们的谈判能力。在后现代的城市发展中,无论是原始积累型城市、凯恩斯主义城市还是后福特制主义城市⑥,"削减规模而产生的失业、对技能及技能报酬的再定义、劳动过程和专制性监督系统的强化、精细分

---

① [美] 大卫·哈维. 资本的限度[M]. 张寅,译. 北京:中信出版集团,2017:357.
② [美] 大卫·哈维. 资本的限度[M]. 张寅,译. 北京:中信出版集团,2017:357.
③ [美] 大卫·哈维. 资本的限度[M]. 张寅,译. 北京:中信出版集团,2017:379.
④ [美] 大卫·哈维. 资本的限度[M]. 张寅,译. 北京:中信出版集团,2017:379.
⑤ [英] 约翰·伦尼·肖特. 城市秩序:城市、文化与权力导论[M]. 2版. 郑娟,梁捷,译. 上海:上海人民出版社,2015:264.
⑥ 根据肖特的理论,三种城市的不同之处在于劳资关系的不同。参见 [英] 约翰·伦尼·肖特. 城市秩序:城市、文化与权力导论[M]. 2版. 郑娟,梁捷,译. 上海:上海人民出版社,2015:87-89.

工愈益专制化、移民的卷入（或者换句话说，资本向替代性劳动资源的转移）以及在不同的历史和文化条件下实现的不同身体实践和价值模式之间的强制的竞争性斗争，所有这些都促成了作为个人的劳动者的不平衡地理价值"①。因此，后现代的城市主体，明显表现出了核心—外围的劳动力市场结构。核心群体由享有就业保障、培训和慷慨福利的高收入工人构成；半外围群体（semiperipheral）有两种，一种是由地位、工作持久性和生育保障稍逊一筹的全职工人组成，另一种则是短期或兼职工人；外围群体包括自我雇佣者、分包者、在家就业者等更加原子化、个人化的岗位。② 在这种情况下，城市的发展并不是促成了城市主体的整体性发展，特别是对于普通劳动力而言，"由此造成的工作和社会生活蜕变，已经严重冲击了较大比例的人口：技术变革和产业外移令他们跟不上时代的步伐，成为资本眼中多余的一群人。许多人迷失在长期失业、社会基础建设破败、社群丧失团结精神的世界里，变得非常疏离，时常沉溺在被动的愤恨中，偶尔通过涉及暴力和看似不理性的抗议宣泄不满"。③ 正是由于大批量的低收入群体的存在，受资本逻辑裹挟的现代城市发展，通常在大众集体消费的需求与资本的及时供给环节出现失衡和脱节，一味追求资本利润最大化的城市规划与运行机制，将使大众集体消费门类与数量长期供给不足而引发的可变资本的循环过程，呈现显著的不稳定性。④

第三，城市空间的马赛克图景。

城市化必然伴随市场化进程，前者为后者提供空间，后者为前者再生产潜能，人、财、物在空间结构，功能属性，生态系统内重新集聚和形塑，形成以土地、劳动、资本为基本元素和以工作、学习、生活为基本格局的动态变迁轨迹上的新的叠加式的"城市空间结构"。然而，建立在资本逻辑视域中的城市化进程，在市场逻辑的支配和行政力量的干预下，社会资源将会发生单向度的流动，不断把成本和风险转嫁到城市的薄弱环节，使资本自身的演化矛盾转嫁到城市的所有空间领域，形成高楼大厦与贫民窟、

---

① [美] 大卫·哈维. 希望的空间 [M]. 胡大平, 译. 南京：南京大学出版社, 2006：105.

② [英] 约翰·伦尼·肖特. 城市秩序：城市、文化与权力导论 [M]. 2版. 郑娟, 梁捷, 译. 上海：上海人民出版社, 2015：265.

③ [美] 大卫·哈维. 资本社会的17个矛盾 [M]. 许瑞宋, 译. 北京：中信出版集团, 2016：138.

④ [美] 大卫·哈维. 希望的空间 [M]. 胡大平, 译. 南京：南京大学出版社, 2006：109.

繁荣与贫瘠并存的现象，从而导致城市内部各职能空间的微妙张力，"城市体系的结构和过程直接受资本逻辑特定表达方式的统治"。①

由于城市不同区域的发展条件差异，资本会通过重点开发特定区域的方式，来提高资本的配置效率，从而形成不同区域的景观失衡。"核心—外围"理论已经不再适用于城市不同区域的分析，而是呈现一种"全球马赛克"图景。② 城市空间呈现出的结果是由相互关联的土地利用类型组成的丰富多彩的拼接图。在各种各样的产业集群和产业区，大量具有不同社会背景与技能的个人参与到相应的城市就业机会中，并凝聚在一个具有社会分异特征的邻里体系中。"在最近的几十年中，像首尔、香港、新加坡、上海、墨西哥城、圣保罗等城市已经较为明显地进入了全球马赛克。"③

在这种城市内部空间的重塑中，每个城市—区域都呈现为一个核心大都市区，或者是一组空间上相互交叉重叠的大都市区，以及周边一些不同规模的腹地。中心城建筑的景观集中体现了当今主导这些地区的跨国金融和高端商业的高水平创意、智力与文化劳动过程。在一些主要的世界城市核心区中，全球性的跨国公司经常会选择入驻那些形态夸张的建筑群，以此展现他们的国际影响力。这种建筑形态与跨国资本主义阶层（包括全球公司的管理者、高级银行家、媒体与其他文化产业的代表、全球化的专家、国际官僚等）的观念和抱负能够很好地契合，使得这些地方能够与世界范围内各种网络相联系。同时，中心城的企业办公空间还越来越多地与高规格消费设施相结合，如商业中心、购物中心、名品购物街、音乐中心、博物馆、艺术画廊、会议中心、体育场馆、公共广场等，这些设施主要是为上流社会服务的，通过将大城市的中央商务区与周边地区塑造成为工作、购物与休闲的场所，增加城市的魅力，并进一步促进周边居住区的"绅士化"，"世界各地的城市正变得越来越消费主义"。④ 近些年来，

---

① Manuel Castells. City, Class and Power [M]. London: Macmillan Education Press, 1978: 32.
② [美] 艾伦·J 斯科特. 浮现的世界: 21 世纪的城市与区域 [M]. 王周杨, 译. 南京: 江苏凤凰教育出版社, 2017: 63.
③ [美] 艾伦·J 斯科特. 浮现的世界: 21 世纪的城市与区域 [M]. 王周杨, 译. 南京: 江苏凤凰教育出版社, 2017: 65.
④ Leslie Sklair. Iconic Architecture and the Culture – ideology of Consumerism [J]. Theory Culture and Society, 2010, 27 (5): 149.

城市中心抛弃了原先极简形态的福特制城市天际线，而越来越倾向于使用更加夸张的表达手法。可以看到的结果就是"大城市中心区不断向上发展的垂直扩张，以及中心被遗弃地区的活化，即通过大规模的土地整合与活力修复，提升土地的价值"①。当然，中心城区土地利用集约化的长期实践也是资本运作的结果，没有资本的重新审视并赋予现代不同形式的功能定位，这种在全球认知—文化经济主导下的城市化进程产生的所谓"创意追求与可能性"，以及对旧城区改造的重新赋予意义，是不可能的。

相对而言，在鳞次栉比的高楼大厦边缘散落着一些老旧小区，这些小区由中低收入者来填充。由于穷人既支付不起城市郊区地带较高的交通成本，更没有富余资金在城市中心区域进行再投资，他们只能居住在离工作地点较近的面积较小和年代久远的旧小区和旧房子里。在涓滴渗漏（trickle-down）的过程中，新建房屋是按照中、高收入者的收入标准和需求格局建设的，低收入者是绝对买不起新房屋的，他们总是购买中高等收入者由于买新房而弃置的旧房屋。从这个意义上理解，随着时间的推移，穷人将不断渗透式购置富人淘汰的旧房和处于衰退阶段的邻里社区。当然，也有个别区域，高收入者重新买回了日益老化的旧房子并进行修复和改造，使一些老旧社区得以复活。但从总的趋势看，随着社区和房子的老化，一般会从高收入者手中向低收入者转移。低收入者和高收入者虽然处于同一社区或彼此相邻，但他们的生活品质和轨迹完全不同，互相隔立，存在着巨大的差异。这种空间上的碎片化和实质上的区隔成为马赛克图景的现实映照。如此一来，当下每一幅城市地图就不能"仅仅看做法律、政治或地形特征的分界图，而是应该看做争夺土地利益的策略联盟和行动的马赛克图"②。这种马赛克图景（图5-1）使本应具有规划性的社会空间被碎片化为具有等级性的不同城市政治单元的集合体。

---

① [美] 艾伦·J 斯科特. 浮现的世界：21 世纪的城市与区域 [M]. 王周杨，译. 南京：江苏凤凰教育出版社，2017：142.

② [美] 哈维·莫勒奇. 作为增长机器的城市：地点的政治经济学 [M] //汪民安，陈永国，马海良. 城市文化读本. 北京：北京大学出版社，2008：50.

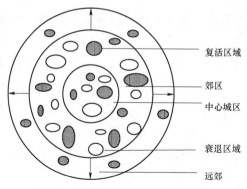

图 5-1 城市空间的马赛克图景

三、资本逻辑视域中城市社会风险的生发与放大机理

既然资本逻辑蕴含着城市风险指向，风险是城市资本积累过程中潜在矛盾的必然表现，基于马克思的资本循环概念，哈维在列斐伏尔的基础上进一步将资本积累过程细分为三级循环，即生产普通商品的初级循环、生产建成环境的第二级循环、用于支持科学技术改革和必要社会支出的第三级循环。[①] 三级循环作为"时间—空间修复理论"的应用，倒是一个分析风险的累积和放大以及最终的放大结果——危机的很好框架。这个框架是资本逻辑向度对城市社会风险内在运行的恰当表达，是分析城市社会风险演化的动力及其矛盾的有力工具。

（一）资本初级循环中风险的累积

资本逻辑的目的就是资本增殖。获得剩余价值、提高利润率成为资本生产的推动力；部门间利润率的差别决定着经济资源的配置方向；整体经济利润率的大小反映着国民经济的健康程度。随着生产技术的应用和劳动生产率的提高，资本有机构成不断提高，一般利润率趋向下降，这一趋势加重了资本主义剩余价值生产和实现条件间的矛盾，暴露了生产目的和手段间的矛盾、相对过剩人口和相对过剩资本间的矛盾，即资

---

① [美] 大卫·哈维. 新帝国主义 [M]. 初立忠, 沈晓雷, 译. 北京: 社会科学文献出版社, 2009: 89-94.

本主义生产方式技术维度和社会维度间的矛盾，反映了资本主义生产方式自我否定的风险趋势。要想避免剩余资本贬值，必须寻找盈利方式来消化吸收这些盈余。空间重构和地理扩张为解决这一问题提供了出路。

在对剩余资本的吸收而导致的空间生产中，追求高利润率的最终结果却是它的反面——一般利润率趋向下降，这正是资本的自我否定辩证法，是资本的内在矛盾自我演化的反映。追求自身的高利润率与总体上的利润率下降之间的内在张力，迫使资本寻找新的空间出路，创生新的社会演化图式，但又由此加剧了各种风险。资本正是在这种自我否定的矛盾中不断展现新的样态，演绎出复杂的风险社会。利润率趋向下降不仅使社会风险激增，更重要的是，利润率趋向下降规律迫使资本积累的进程加快，使剩余价值生产与剩余价值实现间的矛盾日益激化，风险不断加剧。资本在初级循环中积累过度导致的利润率下降，就会推动过剩资本涌入第二级循环，寻求包括城市居住空间营建在内的投资机会。

（二）资本二级循环中城市风险的放大

事实上，第二级循环就是城市的空间再造。在资本的二级循环中，资本流通被分成两部分：一是用于生产的固定资本（厂房及设备、发电能力、铁路网、港口等），二是创造了消费基金（比如住房）。二者兼而有之的情况也相当普遍，比如高速公路既可以为生产活动服务，又可以为消费活动服务。"进入二级循环的一部分资本被嵌入国土中，在适当的位置形成了一系列实物资产——用于生产和消费的建筑环境（包括从工业区、港口和机场、运输和通信网到排污和供水系统，以及住房、医院、学校等方方面面的设施）。这些投资通常构成了某一个区域的物质中心。"[①] 资本通过空间生产沉淀在城市中，资本催生了城市，资本逻辑的空间生产和金融化的重叠衍生促进了城市的集中和分散。初级循环中的资本过剩在城市中找到了出口，同时又催生了第二级循环。第二级循环在城市中得到演生并进化，城市的发展使"资本的二级循环投资的流入和流出加深并恶化了初级循环

---

① ［美］大卫·哈维. 新帝国主义［M］. 初立忠，沈晓雷，译. 北京：社会科学文献出版社，2009：90.

的危机周期"。① 因此，城市"远非经济活动中一个次要的组成部分，它们可以，而且确实吸收了大量的资本和劳动，正如我们将会看到的那样，尤其是在地理扩张的情况下，更是如此"。②

但私人资本对涉足规模庞大且周转时间较长的固定资本投资常常"力不从心"，必须借助资本市场、金融机构和政府职能的调节，即依靠信用体系将资本"用作整个资本家阶级的共同资本"③的整合作用，才能实现资本由初级循环向第二级循环的顺利转换。充裕的过剩资本使信用体系内存在着抗拒生产失调倾向的足够力量，"让资本流入第二级循环的条件就是功能完善的资本市场的存在，或者有国家愿意投资并保证长期大型项目的建设来营造合适的建筑环境"。④ 资本可以借助金融的帮助完成循环间的转移以延缓危机爆发，即资本主义危机的"时间修复"。过剩资本转入第二级循环后，在增殖内在动力的驱使下不断从利润率低的空间向利润率高的空间扩张，希望通过空间扩张和空间重构得以暂时吸收，"空间差异被并入了时间序列"⑤，哈维称之为资本主义危机的"空间修复"。"资本主义越是为其内在矛盾拼命地寻求空间修复，通过空间生产来克服空间的张力就越紧张。"⑥

在资本主义条件下，城市居住空间是资本以时空修复手段暂时规避和转移风险的契机与产品。房地产作为一种独立于初级资本循环周期之外的富有吸引力的投资，会长期存在并持续，这一特质是由所有权作为一种商品所拥有的资本社会关系网络中的市场属性造成的。与初级资本循环的运作机理不同，房地产的资本有机构成较低，同一地块可以滚动获利，而且能够转换为其他用途，使所有权能持续地销售和转售，因此吸引投资的能力非常强，甚至与产业生产的初级循环中的资本循环形成了竞争。同时，

---

① [美] 马克·戈特迪纳. 城市空间的社会生产 [M]. 2版. 任晖，译. 南京：江苏凤凰教育出版社，2014：6.
② [美] 大卫·哈维. 新帝国主义 [M]. 初立忠，沈晓雷，译. 北京：社会科学文献出版社，2009：91.
③ [美] 大卫·哈维. 资本的限度 [M]. 张寅，译. 北京：中信出版集团，2017：450.
④ [美] 大卫·哈维. 世界的逻辑 [M]. 周大昕，译. 北京：中信出版集团，2017：69.
⑤ [英] 多琳·马西. 保卫空间 [M]. 王爱松，译. 南京：江苏教育出版社，2013：94.
⑥ [美] 大卫·哈维. 资本的城市化——资本主义城市化的历史与理论研究 [M]. 董慧，译. 苏州：苏州大学出版社，2017：59.

信用体系对购买者的贷款极大助长了房地产的繁荣，一种可以被视为有效的产生剩余价值的机制开始替代在投资行为波动起伏中的积极参与者，并成为资本积累风险积聚的基础。这在快速发展的繁荣时期，尤为明显。当存在房地产投资过盛时，投机异常突出，这种情况导致了空间环境有序竞争的破坏，包括与房地产投资相关的大量借贷引起的通货膨胀以及利率的不断增长。在衰退期，建成环境中过少的投资，导致产生了固定资本，而这种前期投资又成了进一步增长的障碍，城市居住空间商品的"固定性"特征以及寻求过度积累空间解决方案的资本流动和地理空间上的运动需求又呈现出相互矛盾，从而也妨碍了复苏。没有收益的建成环境的发展，不仅没有为引导初级循环的过剩资本找到出口，反而在初级循环的生产中只是起到了增加更多成本的作用。因此，不管是时间修复还是空间修复，都无法长期牵制、根本解决资本主义体系中的矛盾，甚至可能在拖延过程中，将第二级循环风险附加到首次元生产风险上，导致最终爆发的必然危机程度更深且范围更广。

更重要的是，住房除了作为建筑业的组成部分、房地产市场的组成部分来发挥它的经济作用，它还通过抵押贷款的形式作为银行业的组成部分来发挥经济作用，这方面的作用尤其显著。住房抵押贷款证券化可以带来经济增长，但是，它也向投机交易打开了抵押贷款市场，导致该市场极易面临风险与遭受损失，因为目前的住房抵押贷款已经不是传统的抵押贷款，而完全是一种投机性投资的"金融创新"。这种"金融创新"具有极大的破坏能力，因为"它置入了一个将住房用作资产的新渠道：作为资产的住房将由合约（抵押贷款）代表，并可被切割为多个细小的组成部分，在巨额融资回路中，与其他类型的债混合出售"[①]。因此，"那些曾经的'不动产'，后来被动产化（建筑，金融投机）的倾向，便在资本主义中处于中心地位了"[②]。在这种情况下，原生资产——住房的实际价值实际上并不重要，抵押贷款本身或利息支付也都无足轻重，抵押贷款持有人的信誉度和获利潜能完全无关，重要的只是这一金融工具的运用。这些抵押贷款被划分、切

---

① [美] 萨斯基娅·萨森. 驱逐：全球经济中的野蛮性与复杂性 [M]. 何森, 译. 南京：江苏教育出版社，2016：115.

② [法] 亨利·列斐伏尔. 空间与政治（第2版）[M]. 李春, 译. 上海：上海人民出版社，2015：78.

割成细碎的各式各样的金融产品,并与其他类型的债券打包混合出售,这些被赋予各种概念的金融产品经过包装,已经完全看不出原来的模样。这样的分离使这种抵押贷款完全成为一种金融工具在发挥职能。投资者的盈利来源不是抵押贷款偿付本身,而是形形色色、各式各样、难以探查其源头的金融产品。当盈利来源不是抵押贷款偿付本身,而是金融计划的出售时,世界范围内数以十亿计金融工具的运用和衍生,事实上也就是风险的放大。

(三)资本三级循环中风险到危机的转变

正是在这种情况下,作为一种投资行为的调节者和一个规划实施者的国家干预主义的作用变得很有必要。进入三级循环的资本——具体为在社会性基础设施领域的长期投资——同样也被分别投入到两个不同的领域:一是直接以生产为导向的科研开发或技能培训;二是提高人们所处的社会条件(比如通过教育和卫生保健)。在发达资本主义国家,三级循环(如卫生保健预算)通常会吸收巨额资本,该种投资的其中一部分可能还被认为具有有效的区域稳定性。例如教育系统的投资,一旦在某一特定的地理空间投入以后,它就很难再四处移动。企业的创业精神被看成是创新和财富创造的关键,而为了鼓励技术变革,知识产权不断受到保护。这种技术变革"依赖于竞争的强迫性力量推动寻求新的产品、新的生产方式和新的组织形式,但这种推动力已经牢牢嵌入企业常识之中,以至于成了一种拜物教信仰:每个问题都可以通过技术来解决"[1]。这一信念不仅存在于企业中,更存在于国家机器中。如果各部门只关心技术创新,并创造出还没有市场的新产品和新的制造方式,技术发展就可能走火入魔,这种强有力的趋势可能变成不稳定因素。"因此,以下方面存在着内在关系:技术动力、不稳定、社会团结的瓦解、环境腐蚀、去工业化、时空关系的迅速变化、投机泡沫以及资本主义在内部总体朝向危机形态发展的趋势。"[2]

---

[1] [美]大卫·哈维. 新自由主义简史[M]. 王钦,译. 上海:上海译文出版社,2016:70.
[2] [美]大卫·哈维. 新自由主义简史[M]. 王钦,译. 上海:上海译文出版社,2016:71.

（四）三级循环中的内生风险交织系统

因此，资本积累是一个内外交互系统，既有溢出，也有内敛。一级循环是市场的外溢，这种空间生产超越地方和国家，最大限度地寻找产成品销售市场和原材料供应地，资本的累积由外向内。当这种过度积累出现时，则在某一地方沉降、积聚，包括建筑业在内的固定资产的累积成为空间拓展的主要表现，表现为二级循环的主要载体——城市。依靠金融化的时间修复和空间化的空间修复，城市要素由内向外不断溢出，如果说工业时代的时间和空间在追求着向外扩展的均质性、统一性和强制的连续性，则都市时代的时间和空间变得不一样了，在不断沉淀累积拓展的过程中，一些具有鲜明特征的"网"与"流"互相重叠、互相纠缠，从公路网到信息流，从产品的买卖到符号的交易，"构成性中心的辩证法，引发了一种强大的权力的非常不同的运动"[①]。这种"由产品（一般建筑物、纪念性建筑、'基础设施'、公路、高速公路等）的极为慢性的磨损而带来的困难，即资本循环和信用问题的减缓，引发了多种程序和更大的复杂性"[②]。资本的二级循环也可能产生过度积累问题，也就是说，住房、工作场所、工厂和港口设施，将出现盈余。在这种情况下，资本将会向三级循环发展，形成"后技术"社会机制，疯狂的投资，依靠国家机器，在新的领域和新的产业中深度挖掘，从而形成新的空间和新的区域。这时，又是由内而外，由技术创新引领的新的一轮的投资开始外溢。因此，按照资本逻辑视域，"城镇与乡村之间、中心与外围之间、发展与不发达状况的发展之间的对抗并不是偶然的，也不是外生的强加。它们是由多种相互交错的力量所造成的连贯产物，这些力量运行在资本流通过程的总体统一当中"[③]。只不过，"在这里，统治阶级的策略，或者更准确地说那一些策略，变得更危险、更充满风险了，在将它们付诸瞬间的、短期的利益时，破坏了可能性和未来"[④]。

资本逻辑视域中城市风险的生发与放大机理如图5-2所示。

---

① ［美］亨利·列斐伏尔. 空间与政治[M]. 2版. 李春, 译. 上海：上海人民出版社, 2015：56.

② ［美］亨利·列斐伏尔. 空间与政治[M]. 2版. 李春, 译. 上海：上海人民出版社, 2015：79.

③ ［美］大卫·哈维. 资本的限度[M]. 张寅, 译. 北京：中信出版集团, 2017：640-641.

④ ［美］亨利·列斐伏尔. 空间与政治[M]. 2版. 李春, 译. 上海：上海人民出版社, 2015：80.

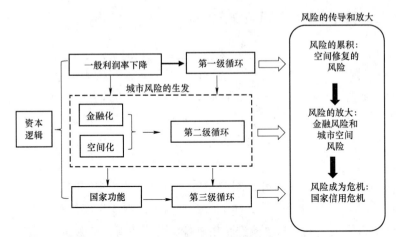

图 5-2 资本逻辑视域中城市社会风险的生发与放大机理

第二节 北京市社会风险类型和特征

一、北京城市发展概貌

根据《北京城市总体规划（2016—2035 年）》，目前北京城市战略定位是全国政治中心、文化中心、国际交往中心、科技创新中心。[①]作为首都，北京始终走在改革开放的最前沿，坚定不移地推动体制改革和对外开放，坚持"稳中求进"工作总基调，坚持以供给侧结构性改革为主线，全面对标高质量发展要求，深入落实首都城市战略定位，经济社会发展成绩斐然。

2019 年，北京地区生产总值 35 371.3 亿元，按可比价格计算，比上年增长 6.1%，按常住人口计算，全市人均地区生产总值为 16.4 万元。"十二五"以来，随着北京经济进入转型升级新阶段，地区生产总值增速始终保持在 6%以上，增长的稳定性得到进一步增强。1978 年，北京市地区生产总值仅为 108.8 亿元，1994 年达到 1 145.3 亿元，从百亿元提高到千亿元用了 16 年时间；此后，从千亿元提高到 2008 年的万亿元只用了 14 年，2008

---

① 北京城市总体规划（2016—2035 年）[EB/OL].[2019-5-17]. http://www.beijing.gov.cn/zfxxgk/ftq11GJ20/gh32j/2019-05/17/content_1c5698489dfc415098b44d8debb17e6c.shtml.

年地区生产总值超过了1万亿元,又用了6年时间在2014年超过了2万亿元,2019年全市地区生产总值达到约3.54万亿元,如图5-3所示。这些年虽然是新常态阶段,但是增长速度依然保持在6%以上。

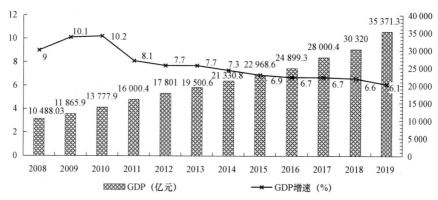

图5-3 北京市地区生产总值及增长速度(2008—2019)

数据来源:北京市统计局网站 http://tjj.beijing.gov.cn/tjsj/

2019年全市居民常住人口总量2 153.6万人,比上年度人口减少0.6万人。其中,常住外来人口745.6万人,占常住人口的比重为34.6%,常住人口中,城镇人口1 865万人,占常住人口的比重为86.6%。近些年来,为了控制城市人口,常住人口不断呈下降趋势。如图5-4所示,2008年增速为5.7%,2009年为5%,2010年为5.5%,此后基本是一路下滑,2019年增速为-0.03%。

2019年全市全年人均可支配收入为67 756元,比上年增长8.7%;扣除价格因素后,实际增长6.3%。全市居民人均消费支出为43 038元,比上年增长8.0%。人们不再满足于吃、穿上的消费,居民消费支出的新热点逐渐向交通和通信,教育、文化和娱乐,医疗保健等发展型消费转移,2019年上述三项消费支出占居民家庭人均消费支出的比重合计超过三分之一。由于2014年之前的统计数据是按照城乡分类统计的,所以有所不同。图5-5是2008—2014年城乡居民人均可支配收入及实际增长速度,无论是居民人均可支配收入还是实际增速,都是分开统计的,城区和农村的居民人均可支配收入差距还是比较大的。图5-6是2015—2019年全市居民人均可支配收入及增长速度,就不再区分城区和农村了。

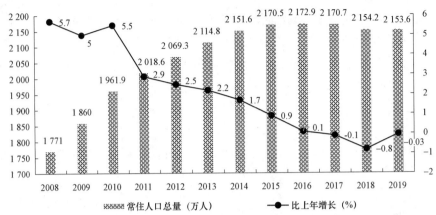

图 5-4　北京市常住人口总量及增长速度（2008—2019）

数据来源：北京市统计局网站 http://tjj.beijing.gov.cn/tjsj/

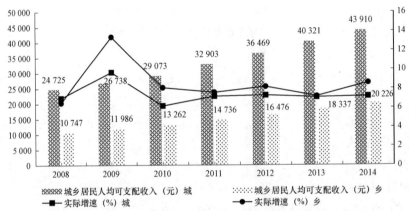

图 5-5　北京市城乡居民人均可支配收入及增长速度（2008—2014）

数据来源：北京市统计局网站 http://tjj.beijing.gov.cn/tjsj/

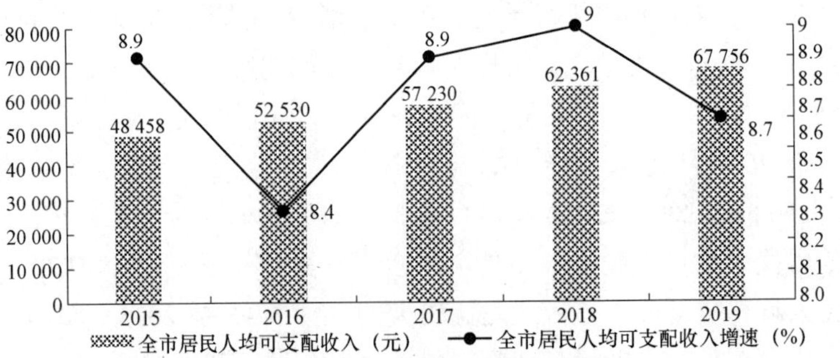

图 5-6　北京市居民人均可支配收入及增长速度（2015—2019）

数据来源：北京市统计局网站 http://tjj.beijing.gov.cn/tjsj/

伴随城市建设加快推进,北京城市面貌的现代元素越来越突出。以交通服务能力为例,2019年年底,全市公路里程达到22 350公里,比上年年末增加94.2公里,是1978年的3.4倍。公共电汽车运营线路1 158条,比上年年末增加270条,运营线路长度27 632公里,分别是1978年的9.8倍和19.9倍。轨道交通运营线路22条,轨道交通运营长度由1978年的24公里增加到2019年的699公里。日益方便的公共交通拉近了人与人的距离,促进了居民生活的改善和经济的发展。

随着创新要素的积累、创新产出的增加以及创业的蓬勃开展,新产业、新业态、新模式孕育成长,成为经济发展的重要带动力量。2019年实现新经济增加值12 765.8亿元,按现价计算,比上年增长7.5%,占全市地区生产总值的比重为36.1%,比上年提高0.2个百分点。全市限额以上批发零售业实现网上零售额3 366.3亿元,比上年增长23.6%,占社会消费品零售总额的27.4%。新产业加快发展,新产品产量快速增长,服务性消费对总消费增长的贡献率达到72.7%,其中,生活用品及服务、医疗保健、教育文化和娱乐消费较快增长。[①]

二、北京市社会风险类型

尽管北京市取得了举世瞩目的成绩,然而在多重力量作用下,城市空间组织正发生着根本性的变化,且这一过程具有自身特性。一方面,在城市土地与住房市场建立后,市场机制成为重塑城市空间形态和推动城市空间重构的重要力量,这就使地理性的集中与扩散之间的张力在城市景观中无处不在;另一方面,转型经济下的独特制度环境和业已形成的城市形态的路径依赖等各种因素相互交织渗透,使城市空间转型的过程和机理变得更加复杂。因此,市场经济自发的资源配置职能显得解构有余而建构不足,当传统的城市空间格局被打破,而合理的区域规划又不甚完善之际,隐伏于城市空间重构过程中的社会风险,就以利益冲突的形式投射在不同主体彼此各异的空间权力之间。

---

① 北京市2019年国民经济和社会发展统计公报[EB/OL].[2020-3-2]. http://tjj.beijing.gov.cn/tjsj_31433/tjgb_31445/ndgb_31446/202003/t20200302_1673343.html.

在经济学人智库（EIU）2019 年发布的《全球城市安全报告（Safe Cities Index）》中，北京排在第 31 名，比上一次发布提高了一个名次，得分是 70.5 分，处于平均水平。该报告基于 57 项指标对全球五大洲 60 个城市进行了排名，涵盖数字安全、健康安全、基础设施安全和个人安全，所有数据均来自各国政府或国际组织的数据库和出版物，得出了所有城市的总体安全指数。在北京的安全指数分数构成中，数字安全排名第 36 名，得分 58.1 分；健康安全排名第 33 名，得分 68 分；基础设施安全排名第 33 名，得分 72.1 分；个人安全排名第 23 名，得分 83.9 分。①

根据北京的实际情况，本书认为，当前北京市存在的社会风险主要有以下几方面。

（一）房地产风险

在北京市的发展中，大量资本转向房地产市场，大量资本被固化在房地产中。从 2009 年到 2019 年，房地产投资额增速比例虽然大致是下降的，然而近几年的绝对值仍然保持在 4 000 亿元左右，如图 5-7 所示。2008 年以后，房地产市场很快得到恢复，大量投资的青睐导致房价居高不下，房地产市场的虹吸效应明显。房地产市场不仅对企业部门的资金成本、资金来源都产生了虹吸效应，还打乱了居民的未来消费支出和家庭资产配置计划。

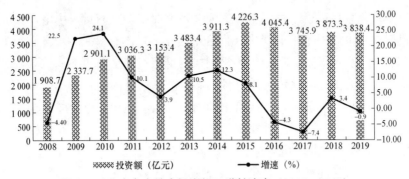

图 5-7　北京市房地产投资额及增长速度（2008—2019）

数据来源：北京市统计局网站 http://tjj.beijing.gov.cn/tjsj/

---

① The Economist Intelligence Unit's 2019 Safe Cities Index [EB/OL]. https://safecities.economist.com/safe-cities-index-2019/.

这样，不只是政府政策的宏观调控难度在加大，中低收入群体配置资产的难度也在加大。

根据中国社会科学院的报告，2018年10月一线城市房价中位数为44 842元/建筑平方米。北京房价中位数仍居第一，为56 891元/建筑平方米，深圳第二为51 136元/建筑平方米，上海以44 108元/建筑平方米低于深圳居第三位。① 在北京，一套房按70平方米计算，总房价大概在400万元。购房首付按40%计算，需一次性支付160万元。余下240万元，按25年贷款计，不管是用公积金还是用商业贷款，每月至少支付15 000元。陷于这个房地产债务中的，基本都是目前的中低收入者，而中低收入者，才是社会消费的中坚力量和主力军，可以这么说，失去了这批消费者，所有拉动内需的设想都是不切实际的梦。从收入和房价可以看出，中低收入者购房，首付款动用了父母的积蓄，而贷款透支了他们未来25年的预期收入，甚至把子女以后所需支出的费用都提前透支了。据估计，在中国家庭金融资产配置中，房产已经达到69%，对比美国的36%，中国居民的"可速变现"消费能力受到很大制约。更有研究估计，中国城镇居民的购房负担率（年度购房支出/收支结余）自2015年以来出现新一轮较快上升，2018年首次突破100%而达到111%，这意味着平均而言，城镇居民已经没有盈余资金用于改善消费。②

自2017年以来，尽管房地产市场在"房子是用来住的不是用来炒的"政策定位下进行了有史以来最为严厉的调控。至2017年年底，北京市房价过快上涨的势头得到了有效的控制。但进入2018下半年以来，房价再次出现"复涨"的态势，高房价又有所抬头，2019年1月份，北京房价同比上涨1.54%，③ 到2019年第4季度，房价总体稳中趋降，并未出现大幅下调。④ 可见，密集政策调控下房价虽然得到有效控制，但从中可以看出，目前北京

---

① 邹琳华，王业强，吕风勇. 中国住房市场发展月度分析报告［EB/OL］.［2018-11-23］. http://www.cssn.cn/jjx_yyjjx/csqyhjjjx/201811/t20181123_4780711.shtml.

② 刘伟. 稳中有变，变中有忧，稳中求进——2019年中国宏观经济运行及政策分析［EB/OL］.［2019-1-15］. http://econ.ruc.edu.cn/displaynews.php?id=15220.

③ 邹琳华，吕风勇. 中国住房市场发展月度分析报告［EB/OL］.［2019-2-27］. http://ex.cssn.cn/glx/glx_glzx/201902/t20190227_4838464_1.shtml.

④ 邹琳华，王业强，吕风勇. 中国住房市场发展月度分析报告［EB/OL］.［2019-12-27］. http://ex.cssn.cn/glx/glx_bwsf/201912/t20191227_5066121.shtml?COLLCC=461074361.

市房地产市场仍然还是主要依赖行政管控手段，受政策影响幅度较大，并存在一定的市场扭曲和资源错配，风险较大。

一般来说，提高住房融资供给这一模式疏离了实体经济，在依赖债务和住房价格上涨的同时又挤压了城市居民普通家庭的收入，因而它从本质上说是不可持续的。一旦家庭因借贷限制或者住房价格停止上升而无法进一步进行借贷，整个住房融资系统就迅速停摆，这就是作为家庭自助提款机且催生了建筑业繁荣的房地产泡沫破灭时所发生的情况。

（二）金融风险

北京是中央金融管理部门重要的金融基础设施和系统性重要金融机构所在地，在京持牌的法人金融机构700余家，金融资产总量占全国的45%，是国家的金融管理中心，在金融发展中承担着重要使命。[①] 如图5-8所示，在京金融机构及其从业人员规模相当可观。北京市金融业专业化程度比较高、服务实体经济的能力强，对整体经济增长起到了关键作用，很好地支持了国家的战略发展。截止到2018年年末，北京金融业资产总值约140万亿元；2018年，北京金融业实现增加值5 000多亿元，同比增长7.2%，占地区生产总值的比重为16.8%，对经济增长贡献率达18.4%。2018年北京金融业增加值占地区生产总值16.8%的比值与纽约、伦敦、法兰克福等国际金融中心城市金融业占比是接近的或者相当的。[②]

然而金融机构的逐利本质使大量资金流向具有较高经济价值的高收益、高利润行业，而忽略具有较高社会价值的公共产品和公共服务领域，金融支持城市演进进程的路径和动力均显不足，金融资源存在错配现象。具体来说，主要表现为以下几方面。

首先，从企业类型来看，虽然北京市的金融体系中直接融资基本占据主导地位，但是银行间接融资仍旧发挥着较大的作用。国有商业银行更青睐国有企业，国有企业得天独厚的所有制优势使其更容易获取政府和金融

[①] 首届北京金融安全论坛举办［EB/OL］.［2018-12-5］. http://politics.gmw.cn/2018-12/05/content_32111589.htm.

[②] 王颖. 北京金融发展处在战略机遇期，要发挥首都金融核心竞争优势［EB/OL］.［2019-5-29］. http://bank.jrj.com.cn/2019/05/29155127637593.shtml.

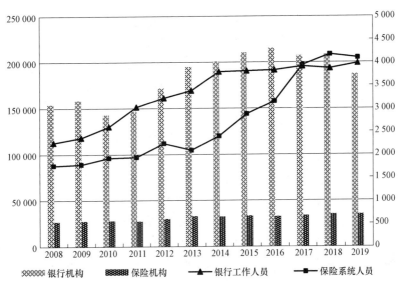

图 5-8　北京市银行、保险系统机构及人员数量（2008—2019）（单位：个）
数据来源：北京市统计局网站 http://tjj.beijing.gov.cn/tjsj/

机构的各种政策扶持，非国有企业融资难。而国有商业银行和国有企业均存在软预算约束问题，导致杠杆率不断攀升。国有商业银行发放给国有企业的贷款质量也不高，国有企业对资金的使用效率普遍偏低，资源配置效率令人堪忧。这样，银行贷给企业的资金越多，信用风险就越大，而政府作为最后担保人，其财政负担无疑也会随之加大。另外，科技型中小企业是北京市大力发展的对象，市政府出台了一系列优惠政策加大对科技型中小企业的融资支持。由于缺乏现代管理制度，部分科技型中小企业存在财务体系与管理机制不完善、信息透明度不高、缺乏实体抵押物等问题，银行发放贷款给这类企业也会引发信用风险和流动性风险。

其次，从行业类型来看，商业银行发放的贷款中有较大部分投向了房地产领域和互联网领域。在房地产领域的融资过程中，一些高风险操作打着"金融创新"的幌子，推高地价和未来对房价的预期，推动泡沫在多个市场的积聚，而商业银行、地方政府、地方融资平台、非银行金融机构之间也形成了利益相关者资金链条，有着非常密切的利益关系，利益传导机制敏感。房地产价格波动问题、期限错配问题都会引发银行体系的信用风险和流动性风险。近年来北京市大力推动互联网金融发展。由于互联网金融尚处于起步阶段,其高成长的背后伴随着较大风险,诸如社会信用体系不完善、流动性管理机制不健全、金融平台控制系统不严密、互联网技术存在缺陷以及许多相关政策尚不明确等问题都会引发较大的信用风险、流动性风险、操作风险和安全风险。尤其是部分互联网企业以"普惠金融"为名,行"庞氏骗局"之实,线上线下非法集资多发,交易场所乱批滥设,一旦发生兑付危机,就会诱发跨区域群体性事件。

再次,从金融体制来说,金融产品的发展和监管不相匹配。一些金融机构和企业利用监管空白或缺陷"打擦边球",套利行为严重,理财业务多层嵌套,资产负债期限错配,存在隐形刚性兑付,责权利扭曲。各类金融控股公司快速发展,部分实体企业热衷投资金融业,通过内幕交易、关联交易等赚快钱。而在监管体制机制上,在新业态、新机构、新产品快速发展,金融风险跨市场、跨行业、跨区域、跨境传递更为频繁的形势下,监管协调机制不完善的问题更加突出,监管定位不准,偏重行业发展,忽视风险防控。"铁路警察,各管一段"的监管方式,导致同类金融业务监管规则不一致,助长监管套利行为。系统重要性金融机构缺少统筹监管,金融控股公司存在监管真空。统计数据和基础设施尚未集中统一,加大了系统性风险研判难度。

最后,从金融市场的开放性来说,随着国家金融市场开放程度的进一步加大,经常账户由持续顺差转为持续逆差,未来短期资本流动变动对中国货币政策、国内资产价格与人民币汇率的冲击将会变得更加剧烈,短期国际资本流动会加大银行体系的信用风险与流动性风险,这无疑会加大中国银行与金融监管当局的管理难度。北京作为首都,金融机构高度聚集,汇集多数金融机构总部和央企总部,管理中心职能突出,管理责任面临严重考验。由于国外流动资本的传导性,具有隐蔽性、复杂性、突发性、传染性、危害性的风险增加,点多面广,潜在风险和隐患不断积累,不确定性明显上升,既有可能是"黑天鹅"事件,也有可能是"灰犀牛"风险。

(三)收入分化风险

北京作为全国的政治中心、文化中心、国际交流中心和科技创新中心,近年来依靠特色产业、转移就业、农村改革、低收入帮扶等举措使农民收入保持持续稳定增长。但相对于城镇居民,目前农民收入增速仍然缓慢,城乡收入差距仍然显著。截至 2018 年,北京仍有 234 个低收入村,其中有 77 个低收入民族村,低收入村占北京市乡村个数的 20.38%。①

从 2008—2019 年北京市统计年鉴的数据看,社会平均工资一直在增加,然而低保标准的增加幅度比较缓慢。由于基数低,低保标准的增幅并不显著,低保标准占社会平均工资的比率基本维持在 8% 左右,占最低工资标准的比率在 41%~51% 上下波动,如图 5-9 所示。在变化趋势上,2008—2019 年间,随着社会经济的进步,低保标准、社会平均工资和最低工资标准三者基本都呈上升趋势。2008 年低保标准、社会平均工资和最低工资标准分别是 390 元、4 576 元和 800 元,2019 年则分别上涨到 1 100 元、14 434 元和 2 200 元。但是,低保标准占社会平均工资的比率,却从 2008 年的 8.52% 逐渐下降到 2012 年的 7.31%,即使后来有所上升,2019 年也只占到 7.62%,还不如 2008 年的占比;低保标准占最低工资标准的比率,从 2008 年的 48.8% 下降到 2015 年的 41.3%,到 2019 年,也仅占到 50.0%。所以总体趋

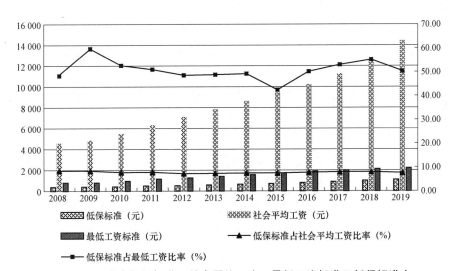

图 5-9 北京市低保标准、社会平均工资、最低工资标准及低保标准占社会平均工资和最低工资比率(2008—2019)

数据来源:北京市统计局网站 http://tjj.beijing.gov.cn/tjsj/

---

① 成鹏远,等. 北京农民收入增长影响因素实证分析及展望 [J]. 农业展望,2019(3):17-22.

势上，近十余年间，低保标准占社会平均工资和最低工资标准的比率基本呈现下降趋势。而在绝对值上，低保标准与本地社会平均工资的差距从2008年的4 186元上升到2019年的13 334元，同期，与最低工资标准的差距从2008年的410元上升到2019年的1 100元。因此，低保津贴标准的增长速度是低于社会平均工资和最低工资标准的增长速度的。

尽管若干年来北京市低保标准与全国其他地区相比，在绝对值上一直独领风骚，并保持动态增加，但如果考虑本地区城市人均可支配收入和生活消费性支出，则差距相当大。对于低保标准的调整，除了物价上涨外，居民收入增长是需要考量的一个重要因素。也就是说，低保标准的调整除了考虑价格指数外，还要与居民人均收入增长率保持联动。如果参考居民人均可支配收入和生活消费性支出的增长，近十年来，北京市低保家庭与城市普通居民家庭的差距进一步扩大。在一定意义上，他们面临的相对贫困甚至更为严重。①

而且，从长期来看，随着京津冀协同发展战略的持续推进及北京经济转型、产业疏解力度的加大，由于身体状况、劳动技能、年龄等原因会导致部分劳动力群体性失业或就业不充分，这些低收入户家庭成员一般文化程度低，老弱病残多，就业较为困难，生活来源主要依靠政府和社会救济，对收入增长缺乏主动性，增收难度大。另外还有些小微企业一直以来的产值增长速度低于工资增长速度，因此工资性收入的持续增长难度也较大。

（四）雾霾风险

自2013年以来，我国持续出现大面积、高强度的雾霾天气，而且雾霾污染的区域性特征非常明显，京津冀雾霾特征基本同步同频，如图5－10所示，说明北京的雾霾污染和其他地区密不可分。京津冀地区以煤炭为主的能源利用方式、以公路运输为主的货运方式，导致了区域内主要大气污染物排放量居高不下，频繁出现的雾霾天气已经严重影响到了人民的健康和生活，公众暴露在高浓度PM2.5中的风险引起了人们的高度重视。

---

① 胡杰容，杨朔. 北京城市低保标准研究：从绝对贫困到相对贫困 [J]. 北京科技大学学报（社会科学版）》，2018（4）：40－47.

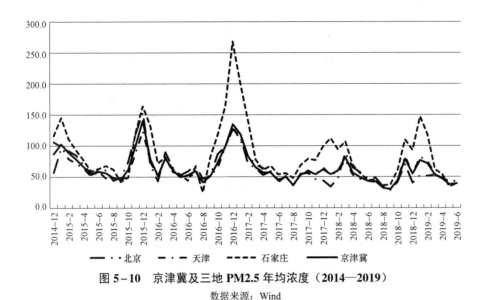

图 5-10　京津冀及三地 PM2.5 年均浓度（2014—2019）

数据来源：Wind

有关研究表明，2017 年北京市全年 PM2.5 主要来源中，本地排放占三分之二，为 58%～74%，区域传输占三分之一，为 26%～42%，如表 5-1 所示。在 PM2.5 年均浓度 58 微克/立方米中，区域传输贡献约 20 微克/立方米。随着污染级别增大，区域传输贡献上升，重污染日区域传输占 55%～75%。从北京市本地大气 PM2.5 来源特征看，移动源占比最大，达 45%，机动车尾气是北京最主要的本地污染来源；其次是生活面源。近年来，北京不断对公交、环卫等多部门的老旧机动车进行更新改造，鼓励新能源汽车生产上路，升级油品，减少机动车尾气排放，并推行使用清洁能源，实施"煤改气"计划，同时积极疏解或淘汰非首都功能的一般制造业和重工业，燃煤和工业源污染大大下降。2019 年，北京市 PM10、PM2.5、NO_2 和 SO_2 年均浓度分别为 68 微克/立方米、42 微克/立方米、37 微克/立方米和 4 微克/立方米。其中，PM10、NO_2 首次达到国家标准（70 微克/立方米、40 微克/立方米）；SO_2 稳定达到国家标准（60 微克/立方米）；但是 PM2.5 仍是北京市大气主要污染物，超过国家标准（35 微克/立方米）20%。①

---

① 2019 年北京市 PM2.5 年均浓度 42 微克/立方米 PM10 和 NO_2 首次达到国家二级标准 [EB/OL]．［2020-1-3］．http://sthjj.beijing.gov.cn/bjhrb/index/xxgk69/zfxxgk43/fdzdgknr2/xwfb/665940/index.html．

天津的 PM2.5 主要来自燃煤、港区车船运输、火电、钢铁、水泥、有色等重工业生产，而排放的 SO_2 主要来自燃煤，来自施工工地、渣土运输、道路扬尘、露天焚烧的扬尘作业的比例也不少，如表 5-2 所示。虽然重点污染源达标排放已趋于稳定，但散乱污企业大多没有任何治理设施，超标排放，污染比较严重，问题比较明显，需要有针对性地加强管控。

表 5-1　北京市 PM2.5 来源[①]

本地排放（58%~74%）				区域传输（26%~42%）	
移动源	扬尘源	工业源	生活面源	燃煤源	其他
45%	16%	12%	12%	3%	12%

数据来源：北京市生态环境局网站

表 5-2　天津市 PM2.5 来源[②]

本地排放（66%~78%）			区域传输（22%~34%）	
燃煤	工业生产	机动车	扬尘	其他
27.1%	22%	21.5%	18.2%	11.2%

数据来源：天津市生态环境局网站

河北省聚集了全国 1/3 的平板玻璃、39% 的电解铝、43% 的粗钢、49% 的焦炭，以及 60% 的原料药等生产企业，同时，产业结构以第二产业为主，污染物排放量远超地区环境承载力。石家庄市既有燃煤污染，也有工业污染，如表 5-3 所示。根据污染源解析结果，燃煤排放是石家庄 PM2.5 的主要污染来源，煤炭消费总量大、燃煤结构不合理是煤烟型污染严重的重要原因。制药、冶金、石化、建材等工业企业是大气颗粒物的主要排放行业。尽管近几年河北省全面实施了化解过剩产能的各种举措，情况依然较为严峻。

[①] 最新科研成果新一轮北京市 PM2.5 来源解析正式发布[EB/OL].[2018-5-14]. http://sthjj.beijing.gov.cn/bjhrb/xxgk/jgzn/jgsz/jjgjgszjzz/xcjyc/xwfb/832588/index.html.

[②] 天津市环保局 2017—2018 年秋冬季大气污染综合治理攻坚行动专题解读会实录[EB/OL].[2017-9-22]. http://sthj.tj.gov.cn/root16/mechanism/research_laborat/201709/t20170922_29567.html.

表 5-3　河北省石家庄市 PM2.5 来源[①]

本地排放（70%～77%）			区域传输（23%～30%）	
扬尘	机动车	燃煤	工业生产	其他
22.5%	15%	28.5%	25.2%	8.8%

数据来源：人民网

三、北京市社会风险特征

作为人口、资本、信息、科技及时尚中心的特大城市，北京市的现代景观是人类文明高度浓缩的结晶呈现，但也正因为"高度浓缩"，当高度流动的人口在高度挤压的空间遭遇高度饱和的资源，风险这一人化自然之宿命也被高度放大。在城市空间图景的营造中，北京市各类风险源日趋复杂多样，风险存量持续加大，风险流量不断增加，各种风险以更快的速度、更复杂的渠道、在一定的时间和有限的空间范围内进行非线性的连锁性、跨时空传播，并且不同风险之间还经常存在耦合传递的特征，国内国际各种风险互相糅杂、复合关联，潜藏着巨大的"并发性"危险。具体来说，主要有以下特征。

（一）风险的存量密集

作为国际化大都市，北京市聚集了大量人口、资本和社会经济活动，形成了完备的资源密集性网络。高度稠密的人口、高度密集的建筑和设施、频繁而大量的社会经济活动等，使得北京市所面临的各种风险存量也呈现高度密集的特征。资源的密集度使得风险的密集度如影随形，城市功能和空间的多样性、丰富性和交叉性，使得风险的密集度不断增加。人口规模与空间密度逐步接近各种资源承载能力的临界点，阈值不断突破新高，超常规发展的城市化使得北京面临城市生命周期的严峻考验，比如人口密度太大、基础设施老化与公共服务更

---

① 河北绝大多数市已完成 PM2.5 来源解析［EB/OL］.［2005-4-28］. http://he.people.com.cn/n/2015/0428/ c192235-24661797.html.

新缓慢等所产生的安全风险。

(二) 风险的流量增大

作为国际活动聚集地,北京市承载了大量商品、资本、技术和劳务的大规模流动,具有很强的集聚集、辐射、流通和增长为一体的综合性功能,是一个开放程度非常高的聚集中心。国际化大都市高度开放和流动的特征,使得城市风险的流动性和关联性大大增加。随着人口、物资、设施、资本和信息流动性的加大和高度集中化,各种资源的流动成为传递风险的现实工具,国际化大都市面临的风险问题越来越复杂,各种输入性、原发性、输出性风险隐患都可能大大增加。

(三) 风险的系统性叠加

作为国际化大都市,北京市面临的各类风险之间会相互叠加和转化,产生各种复合效果,成为"系统性风险"。城市规模越大,这种系统性风险表现越突出。北京市所拥有的系统性、密集性网络,使得所面临的风险如多米诺骨牌一样,具有很强的连锁效应和发散效应。这种连锁传导效应,在城市的自然(生态本底)层次、基础(物质环境)层次、主体(社会群体)层次三个层面之间相互渗透和影响,从而具有强烈的叠加性。城市中的任一部门,比如卫生、服务、运输、能源、食品、供水、信息和电信产业领域等部门有可能因为遭受单一或一系列意外灾害事件的严重破坏而导致整个经济系统处于瘫痪状态。例如,交通拥挤所导致的风险不仅会威胁到市民生命安全,还会对一个城市的市民获得感、企业家精神和政府行政秩序造成影响,进而引发企业撤资、人才逃逸和经济衰退等一系列城市系统性风险。

(四) 风险的放大强化

由于北京的首都地位,其所面临的各种风险会对城市点、线、面的所有活动空间维度产生综合性的影响,使得城市的脆弱性大大增加。风险危害不再局限于以往相对较小的范围,而是快速向其他地区和层面大范围扩散,使得风险后果呈集中性、几何级、爆炸式增长的特征。当看似某一小的社会风险成为社会危机爆发的关键节点，在社会心理、社会舆论以及社会传递的多重作用下，作为首都的北京，风险将会快速在一定范围内不断累积、碰撞，从而诱发放大社会风险的可能性。

（五）风险的分配异化

城市化的受益群体与风险的承担群体往往有较大的差别，现代风险的影响波及全球，风险的分配以"均匀分布"的方式对社会中的每一个成员产生影响，不再有特定的社会对象、身份和国家范畴，没有一个人可以置身事外，比如雾霾。甚至由于弱势群体在城市化的浪潮中力量薄弱，风险很有可能转嫁给弱势群体。例如，弱势群体对于就业、教育、住房、医疗等公共产品与公共服务的需求量比较大，但是由于资源配置不均以及自身能力有限，他们获得公共产品和服务设施的概率最低，很有可能弱势群体反倒要为既得利益集团买单，最终陷入"强者愈强、弱者愈弱"的怪圈。此外，由于城市风险影响的深远性，还极易转嫁给子孙后代。风险分配既可能表现为由于资源紧张、生态破坏、环境污染等生态风险带来的"代际传递"，又可能表现为由于弱势群体受到教育水平、社会交往、心理价值观等因素的制约，造成下一代继续承继上一代的不平等，存在着"代际传递"效应。

第三节 北京市社会风险的成因

一、城镇化的快速推进导致城市风险的加剧

作为全国的中心城市，北京市城镇化速度遥遥领先。在北京，现代服务业非常发达，比如近几年我国平均工资最高的三大行业，一直是金融业和信息传输、软件和信息技术服务业以及科学研究和技术服务业，而这几个行业，北京恰恰是最为集中的，无论是从业收入、还是城镇化水平，北京都遥遥领先于其他地区。一般来说，人口城镇化率=（第二产业从业人口+第三产业从业人口）/总人口，目前北京的城镇化率已达到86.5%，城镇

化率远远超出全国平均的 58.52%。①其他省份作为省域经济体，地理面积比较大，不仅有城市，而且还有大量的农村地区，农业和农业人口都占据相当的比例。因此城镇化率自然也就与北京市的差距较大。近些年来，从 1993—2012 年，北京市 20 年间先后经历了 1993 年、2005 年和 2013 年三次城市总体规划的大修编。其理由很简单，城镇化速度太快了，规划所依据的标准即假定的常住人口目标和人均 GDP 目标都被提前突破了，承载能力不足，原来的规划不再适应城市发展的需要。

城市风险化作为中国城市发展进程中的问题，是对快速城市化进程可能给社会发展带来现实或潜在风险的结构特征和内在发展机理的反映与反思。"中国最近几十年来城市化所产生的意义是惊人的和令世界震撼的。当在其他地方难以找到产生利润的机会时，通过城市化吸收过剩的流动资金和过度积累的资本，这种方式在最近几次危机中确实起到维持资本积累的作用，不仅在中国，而且在世界上的大部分地区。"②城镇化的快速发展使北京城市基础设施系统和城市服务系统不断发展和完善，一方面可以解决城市管理中普遍存在的各种各样的"城市问题"，满足城市居民日益增长的多元化的社会生活需要。另一方面，又形成了城市居民对城市生命线基础设施系统和城市服务系统的高度依赖，使城市在各种灾害面前变得异常脆弱。看似一些不相牵连的城市问题会被引爆，一个系统出现隐患，势必殃及其他系统的正常运行；一个环节出现问题，也有可能造成全局的瘫痪，导致城市的巨大损失。城镇化发展本身具有的二重性，在使城市变得更加方便、快捷、现代化的同时，又增加了城市抵御事故风险的脆弱性。

在这个快速城市化的跳跃式发展过程中，城市空间往往按照"功能纯化"的理念设计中心商业区（CBD）、文化密集区、高档住宅区等，一个本该内部开放、充分流动的城市空间被分割成一个个孤岛状的封闭单元，最终形成"碎片化"的城市空间格局。碎片化格局的存在，既弱化了城市核心功能的有效发挥，又增加了城市居民出行的堵车风险。人们经常抱怨城市车多引起的交通拥堵，其实，交通拥堵只是表象，由于城市规划

---

① 李奇霖. 中国城镇化还有多大空间？[EB/OL]. [2018-7-31]. http://www.jrj.com.cn/.
② [美] 戴维·哈维. 叛逆的城市 [M]. 叶齐茂，倪晓晖，译. 北京：商务印书馆，2014：66.

将许多区域生硬地隔离开来，导致人们不得不更多地依赖出行工具。天通苑和回龙观小区，在规划上被设计为功能单一的"睡城"，因此它就不可能不变成一个"堵城"。快速城市化中的简便"功能纯化"带来的是城市功能的割裂风险。

更重要的是，作为一个具有 3 000 多年历史的古都，北京文化渊源深厚，彰显这种城市文化传承需要慢工出细活。而由于快速城市化是在较短的时间维度内进行的，整个城市空间结构在城市风貌和城市特色上并不十分突出，复制发达国家的元素比较多。城市结构空间失衡的风险主要缘于利己主义或政绩主义的理念，注重城市空间的平面形态、功能布局等物质形态的精致性，忽略了源远流长的城市风貌特色、丰富多彩的文化传承和生活品质的个性化。快速城市化这种结构失衡风险在空间上表现为物理空间城镇化快于权利空间城镇化、土地城镇化快于人口城镇化、人口增长与空间扩张快于文化传承发展的城镇化。这与城市化进程中一定程度上仍存在碎片化与利益化的规划设计不无关系。①

二、社会转型与制度转轨导致利益分配不均和利益分化

在城镇化的快速推进过程中，随着市场经济的不断完善和社会阶层结构的重构，利益分化比较明显，个人利益、部门利益以及公共利益之间的互动博弈日益频繁，他们之间的价值关系发生重大嬗变。在打破传统利益分配与协调机制的过程中，成熟的、公平合理的利益分配与协调机制并没有迅速形成。快速的社会转型与缓慢的利益分配与协调机制形成过程之间的不同步可以说是当前北京市社会许多问题产生的重要原因。普惠型的城市空间权益体系尚未构建成熟所引发的社会综合性风险问题，主要表现为城市空间发展、调整和修复过程中利益分配的不公平、不均衡导致的空间结构失衡、功能紊乱及其生态失序。

经济社会体制改革与转型实质上是利益关系的调整与重组，尽管这些年来我们已取得了举世瞩目的成就，但是侧重市场经济机制的倾向极易引起急功近利的短期行为发生，最终以牺牲文化教育、公共福利和政治发展等为代价来换

---

① 陈进华. 中国城市风险化：空间与治理 [J]. 中国社会科学，2017（8）：43-60.

取 GDP 经济指标的增长。而由于社会的结构分化速度快于制度规范的整合速度而形成的结构要素之间的紧张与脱节，则会使不同利益群体之间由于政策与制度安排的变化而产生分化和不调，甚至引发矛盾与冲突的状态。倘若如此，经济上虽然取得了一些数量增长，但其过高的代价却吞噬、抵消了相当一部分新增价值，社会也因此失去了持续发展的推动力，使得社会不同阶层、不同人群间的矛盾冲突日益突出和激烈，发展的可持续状况将令人担忧。

利益分配不均和利益分化意味着社会角色需要重新定位，原来维持社会秩序的制度共识遭到挑战。这种结构性的紧张，既可以从客观上的社会地位、权力地位、组织、角色、收入水平与教育水平结构上进行观察，也可以从处在不同社会结构位置的不同群体对一些问题的认识与主观感受上反映出来。例如，政府通过吸纳广大农民工、外地人进北京，为城市的发展提供人口红利，而户籍、教育、医疗、住房等公共福利的壁垒又将非常住人口阻拦在北京之外。"留不下的城市"尴尬和城镇化"流"而不"通"，或者"通"而不"畅"的窘困，表明制度壁垒已经成为城市风险化的重要因素，常态化的利益诉求机制不畅与社会流动机制的阻断，使得已经处于边缘化的社会弱势群体更加"贫困"。为解决超大特大城市积分落户的难题，国家发改委在 2019 年 3 月发布的《2019 年新型城镇化建设重点任务》（下称《重点任务》）中提出，超大特大城市要调整完善积分落户政策，精简积分项目，确保社保缴纳年限和居住年限分数占主要比例。事实上，从 2018 年 10 月 23 日起，取得北京市积分落户资格的"北漂"们，已经可以开始办理手续，成为一个真正的北京人了。按照最新政策，只要持有北京市居住证、不超过法定退休年龄、在北京连续缴纳社保 7 年及以上，没有刑事犯罪记录，都可以参加积分落户申报，最终有超过 12.46 万人，进行了申报。2017 年年底，北京全市户籍人口 1 359.2 万人，常住人口 2 170.7 万人，常住外来人口 794.3 万人。最终确定的积分落户规模为 6 000 人，最低落户积分 90.75 分，按照同分同落原则，实际公示名单 6 019 人，只占申请人口的 4.83%，相当于外来常住人口的 0.76‰，这个比例太低了，看起来并不乐观。尤其是随着北京非首都功能的疏解，相关规划明确到 2020 年，北京常住人口规模控制在 2 300 万人以内，2020 年以后长期稳定在这一水平。以 2018 年年末北京市常住人口为 2 154.2 万人看来，未来几年北京仅剩下约145.8万人的增长空间,每年积分落户人数只有6 000人左右。2019年申请北京积分落户超10万人参与申报,比去年减少2万人左右,2019年积分落户规模同样会保持在6 000人左右。①因此,北京积分落户政策仍然是一线城市中最难的,而且积分落户"通过率"优势较大的群体为高收入、高学历、高技术人群,那些从事一般服务业、整日奔波忙碌的体力劳动者是没有这种机会的。而且北京的户籍指标大多数还是按计划分配,极少数才是积分落户,积分落户指标分配比例是"九牛一毛",每年6 000人的指标远远不能解决广大外地人口的根本问题。

因此,在普惠型的社会权益保障体系尚未得到完全确立以前,非常住人口尚难以与老市民一样共享北京城市发展的成果和实惠,长此以往相对剥夺感会与日俱增,造成严重的心理失衡。这种利益分配不均和利益分化就成为城市风险化的直接诱因。

三、经济全球化导致外生风险传递

全球化背景下各国之间频繁的往来活动,急剧提升了人类社会各种活动的复杂性和不确定性,它在带给世界各国繁荣与共享的同时,也显著地触发和放大了各种风险,使得全球的"风险强度"空前加大。全球化引导甚至鼓励人们进行各种有风险的实践,具有明显的风险价值导向,使得全球社会风险密布,并带来系统性经济、安全、文化以及环境等方面的风险。②全球性使得世界成为全球风险社会,如果把世界作为一个大系统,那么各个国家和地区就构成这个大系统的子系统。全球化背景下风险跨越时空界限,具有了巨大的流动性和扩散性,原来仅仅局限在特定国家或地区内的风险,因为子系统之间的相互影响而在大系统中传播,扩散到更多的区域、更深的层面,从气候变化、非自愿移民和病毒传染病流行,再到数据泄露、网络攻击、恐怖主义、金融不稳定以及大规模杀伤性武器的扩散。当今许多最棘手的问题都是跨国界的,全球化成为 "失

---

① 北京积分落户申请人数减少2万左右,去年通过率仅4.8% [EB/OL]. [2019-7-21]. https://m.21jingji.com/article/20190721/herald/769b95d58cace4ec78a75dff2bfce91a.html.

② 范如国."全球风险社会"治理:复杂性范式与中国参与 [J]. 中国社会科学, 2017 (2): 70.

控的全球化"。①

此时，当以国家和地区为子系统的边界被打开，存在于不同子系统中，性质迥异的不同要素、行为、模式耦合在一起，各种冲突、协同、再造、涌现纷纷产生，子系统本身所具有的非线性、不确定性等机制内生出新的不确定性，风险源不断增加，原来只是内生于单一国家和地区内的风险耦合就会"同步"成全球性风险，矛盾的特殊性转化成了矛盾的普遍性。比如，随着资本的全球扩张，美国的次贷危机很快成为全球性金融危机，伴随着金融危机治理的停滞不前和保护主义的重新抬头，全球贸易多边体系停滞不前，少边、区域小边、选择性利益同盟大行其道。再加上近些年发达国家军费高涨、"零和"思维和对抗思维甚嚣尘上，全球风险系数不断增加。《2019年全球风险报告》按发生概率排列的十大全球风险为，极端天气事件、气候变化缓和与调整措施失败、自然灾害、数据欺诈或窃取、网络攻击、人为的环境灾难、大规模非自愿移民、生物多样性损失和生态系统崩溃、水资源危机、主要经济体的资产泡沫。② 2019年全球风险关联如图5-11所示。风险与危害并不仅仅局限在发生地，也不仅仅局限于当下，生活在未来的人们也可能遭受当前事件的危害。切尔诺贝利核电站泄漏、亚洲金融危机尽管只是发生在某个国家或区域，但危害却扩散到周边国家，并最终酿成全球性灾难。

中国从经济全球化过程中受益的同时，经济全球化所具有的风险外溢机制和风险生成机制也会使中国遭遇更多的社会风险。中国融入经济全球化的过程也是中国融入世界风险社会的过程，在这一过程中，中国面临社会风险的外生性会不断增大。

北京市作为中国融入经济全球化的桥头堡，自然首当其冲。多年来，北京市以开放促改革、促发展，改革和开放相辅相成、相互促进，是我国改革发展的成功实践。作为首都，北京是中国全方位对外开放的门户和窗口，全球经济、政治、生态风险等的国际传导首先会影响到北京，北京是个关键站点，风险在传导过程中，有可能被放大，也有可能被缩小，北京的作用意义深远。

---

① [美]托马斯·韦斯，[英]罗登·威尔金森. 反思全球治理：复杂性、权威、权力和变革[J]. 谢来辉，译. 国外理论动态，2015（10）：111.
② 世界经济论坛：2019年全球风险报告[R/OL]. [2019-1-17]. http://wef.ch/risks2019.

第五章 当前北京市社会发展面临的主要风险 | 115

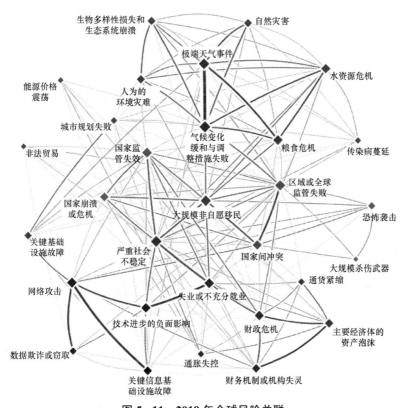

图 5-11 2019 年全球风险关联

数据来源：2018—2019 年世界经济论坛全球风险认知调查①

---

① 全球风险认知调查（GRPS）是世界经济论坛的原始风险数据来源，充分利用世界经济论坛广泛的商界、政府、民间团体和思想领袖专业网络。调查于 2018 年 9 月 6 日至 10 月 22 日期间开展，参与者包括世界经济论坛多方利益相关者社区、风险管理研究所成员及其顾问委员会成员组成的专业网络。

第六章　北京市当前社会风险的多元协同治理

城市社会风险是城市历史性的具体体现,基于北京市城市风险的历史性成因,治理城市社会风险不应该是一种单纯的根植于线性因果关系的"控制思路",而应该是"历史性地治理"。城市理应是"为人"的空间,而不受"物的役使",必须改变传统的社会治理控制方式,摆脱控制导向下的风险治理,代之以人为本逻辑的多元协同治理范式。社会风险的治理与和谐社会的构建本质上是同一社会发展进程的一体两面,最终目的都是促进人的全面发展与社会的可持续发展。

第一节　社会风险的治理思路:从资本逻辑到以人为本

一、资本逻辑引致的控制思路

在当代城市发展中出现的各种社会风险,虽然表现为以资本为中介的人与人、以技术为中介的人与自然的冲突,但隐藏在冲突背后的,实际上是资本关系肆无忌惮的膨胀。作为一种历史存在,一种运动过程,一种价值增殖,一种经济权力,一种生产关系,资本不断的逻辑延展和再生产的过程,表现为一种形式化的结构,并且不断地推动着自身的结构化,从而将主体与客体都吸纳到这个结构化过程中,结构化的资本逻辑成为统治一切的力量[①],包括人与人、人与物之间的关系。资本逻辑对社会生活的全面

---

① 仰海峰. 马克思资本逻辑场域中的主体问题 [J]. 中国社会科学, 2016 (3): 17.

宰制，是现代社会成为风险社会的实质性历史原因。

资本逻辑引导下的城市风险治理，主要针对把握各种常规社会过程的控制力，而将具有不确定性质的非常规过程视为例外。风险治理遵循的就是控制复杂性的逻辑，即治理主体根据契约关系和层级制度，事先确定自己的若干控制目标，然后制定相应的控制规则条令，通过分解落实规则的业绩考核来实现控制目的。不可否认，在低不确定性与低复杂性社会里，社会在一定程度上是可控的。在业绩目标导向下，人们强调风险的可计算性和可补偿性，利用技术的创新以及概率的理性计算结果寻求方案的解决，测量目标偏差并采取措施纠正偏差，泰勒的科学管理与韦伯科学管理的有效性都印证了传统社会的"可计算"及"可控制"特征。

在这种机械式的治理模式中，尽管风险折现期限的无限延长使得风险控制的成本收益不再局限于当期损益，相应的风险损害完全不是单纯的财务会计指标所能测度反映，然而人们依然习惯用各种实证模型来对不确定性进行描述和统计分析，并根据实证结果来确定地预测各治理主体的行为。这种根植于线性因果关系的机械思维方式，本质上是粗暴地实施确定性与不确定性之间的二相转换。其结果一般是，控制层级越来越多，控制队伍越来越大，控制过程越来越严，控制成本越来越高，而风险治理的效果却越来越差。① 这种思维不仅具有误导性，而且本身也往往成为社会风险的一个重要来源。

控制思路治理的根源在于资本逻辑。资本的强大扩张性，也带来了资源配置的盲目性与无序性，资本强劲的积累能力虽然能暂时保证城市空间拓展的井喷式高速发展，但长期看来也造成了城市空间可持续发展的片面化和分配上的失衡化。在盲目性和无序性而导致的高度不确定性的现代风险社会里，各种议题交织在一起，相互耦合，相互渗透，传统的线性因果定律被颠覆，标准化的知识、控制化的流程和规范无法应对各种复杂性，因此治理主体并非是机械式的组合，针对风险社会任何议题、任何层级的治理，均可能由于复杂性作用而导致系统要素、系统结构以及系统功能的演化，进而导致治理结果的不可测性。② 可以说，随着社会高度复杂性和

---

① 范如国. "全球风险社会"治理：复杂性范式与中国参与 [J]. 中国社会科学，2017（2）：78.
② 范如国. "全球风险社会"治理：复杂性范式与中国参与 [J]. 中国社会科学，2017（2）：78.

高度不确定性的增强,一切基于可预测来制定通向未来的行动方案都将失灵,任何人类控制导向的风险治理思维也终将走向失败。"标准的计算基础——事故、保险和医疗保障的概念等——并不适合这些现代威胁的基本维度。"①

因此,资本逻辑引致的风险治理控制思路,存在很大的弊端,在很大程度上影响着现代城市风险治理效果。如果"人"的尺度不能跨越"物"的樊篱,那么在城市人群中普遍践行的正义理念,就只能是虚无的幻想。资本逻辑的内在否定性表明,资本逻辑并不是城市风险治理的本质逻辑,更不是城市空间生产发展的正义逻辑。所以,在正视风险社会属性的视域下,作为社会关系场域的城市空间,理应是"为人"的空间,而不应受"物的役使",必须改变传统的可预测的社会控制方式,摆脱控制导向下的风险治理思路,代之以人为本逻辑的治理范式。

二、以人为本逻辑引致的协同治理思路

与资本逻辑的风险治理思路不同,以人为本的逻辑是从以物的城镇化为主线的空间控制转变成为以人的城镇化为旨趣的空间人本化。城市空间并非仅是地理意义上的自然空间,也不仅是几何层面的抽象空间,而是具有深刻内涵和丰富意蕴的多维立体社会关系空间,即以复杂和广泛的社会实践关系为内核的社会空间化和秩序空间化,城市的空间生产是城市中社会实践关系的空间演化过程。一个城市的空间生产,既是构筑市民创新劳动生产、生活方式的场所,又是形塑市民享受权利和实现希望的新型社会关系的场所。②

城镇化其实是有着丰富的人本内涵的,人的历史发展是马克思主义审视城市的基本理论视域,是否有利于人的发展的终极价值目标实现,是马克思主义衡量、审视城市发展进程的基本准则。这里的"人",是具有历史性和现实性的人,是一定社会关系、生产关系的人格化。马克思不止一次提到,城镇化不仅仅是使城市人口聚集以及生产与消费的重塑,更重要的

---

① [德] 乌尔里希·贝克. 风险社会 [M]. 何博闻,译. 南京:译林出版社,2004:19.
② 陈进华. 中国城市风险化:空间与治理 [J]. 中国社会科学,2017 (8):51.

是它改变了传统农村和农民与世隔绝的孤立和闭塞状态，使他们变成"社会的人"，即在社会中去发现、创造和满足新的需要，把自己作为具有尽可能丰富的属性和联系的人的特征生产出来，从而为"人类社会或社会化的人类"①制造历史前提。

遵循以人为本的逻辑，就是回到劳动本体论。"就其本体论的本质来说，只有劳动才具有一种明显的过渡特征"②，马克思主义始终把现实的人及其活动作为社会历史发展的源泉，在人的历史性实践活动中来探寻社会发展变迁规律的具体表现及实现形式。"整个所谓世界历史不外是人通过人的劳动而诞生的过程"③，无论是人化自然、人类社会还是人的发展，均需通过劳动实现。"劳动是积极的、创造性的活动"④，马克思认为，作为创造性的活动，劳动的过程，既是人改造自然、改造自身、推动历史的过程，又是人的主体性及自我意识得以形成的过程，并最终会实现人与自然、人与人之间关系的和谐共生。劳动最终成为吸引人的自由和发展的创造性活动，成为个人本质属性的自我实现。

在此基础上，马克思主义的唯物史观就是一部物化批判理论，是在超越对物化本身（包括资本）的分析基础上，从现实物本身的内在矛盾运动的角度来展开的对物化的界定及其异化批判思路。这种批判是在实践——人类主体能动的创造物质活动的劳动历史确证中实现的，是在具体的历史的社会物质生活对人类主体的能动地位的科学确定中实现的。

马克思主义将以人为本作为批判旧世界和发现新世界的链接点，不仅坚持以人为本来批判资本逻辑，也坚持以人为本来设计理想社会，马克思是以劳动者的解放和人的全面自由发展为指向来构想未来社会的。⑤ 马克思认为，在劳动过程中，劳动把时间引入人们的现实生活世界，形成展现主体创造性的衡量标准，这是人的自由得以实现的历史境域。在这一新的时间境域中，将会生成"个人的全面发展"⑥。"每个人的自由发展是一切

---

① 马克思，恩格斯. 马克思恩格斯文集（第1卷）[M]. 北京：人民出版社，2009：506.
② [匈] 卢卡奇. 关于社会存在的本体论（下卷）[M]. 白锡堃，等译. 重庆：重庆出版社，1993：4.
③ 马克思，恩格斯. 马克思恩格斯文集（第1卷）[M]. 北京：人民出版社，2009：196.
④ 马克思，恩格斯. 马克思恩格斯文集（第8卷）[M]. 北京：人民出版社，2009：177.
⑤ 陈尚伟. 以人为本与马克思的哲学变革 [J]. 天津师范大学学报（社会科学版），2015（9）：5.
⑥ 马克思，恩格斯. 马克思恩格斯全集（第3卷）[M]. 北京：人民出版社，1960：330.

人的自由发展的条件"①，这是人的自由的充分实现。人的发展是城市社会历史发展的客观要求和必然趋势。

在中国语境下，城市空间从资本逻辑向人本逻辑的转换，就是要实现城市发展的人本价值复归，实现人的全面发展。人的全面发展需要表现为人民对自我完善和自我提升的迫切愿望和美好期许。既然是以人民为中心，全心全意为人民服务，就要坚定地秉持"人本政府"的理念，构建满足公众需求、奉行以社会为导向的城市服务型政府，真切地尊重普通劳动者在城市风险治理中的主体性地位，通过制度化的治理路径和第三方的协同机制来体现和导入广大民众的智慧，持续保障和发挥普通民众的权益，从而为城市协同治理理念奠定以人为本的基础，为市民提供高品质公共服务、更充分的发展机会、更宜居的生活环境，创设一个具有机会公平、过程公开、结果公正的城市生存发展共同体，共享城市发展文明成果。

以人为本的逻辑要求建立多元协同治理的框架，就是相对平等、相对独立的多元化主体，在共同的目标下，出于合作共赢的和合共生意愿，基于一定的公共规则和平等秩序，建立互为支撑互助导向的协作关系，通过彼此沟通、协调与合作等主体互动以及有机整合机制，强化社会融合度，均衡各方面利益结构，通过政府更高的开放性，市场更规范的自由流动能力，社会公众更顺畅的参与机会、"宽松"板结化的社会秩序，努力实现城市风险治理的整体性和一致性，从而实现城市共同治理的协同效应，如图6-1所示。

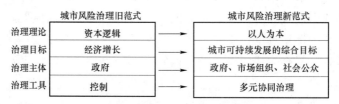

图6-1 城市风险治理范式的转换

---

① 马克思，恩格斯. 马克思恩格斯文集（第2卷）[M]. 北京：人民出版社，2009：53.

第二节　北京市社会风险治理现状及问题

一、北京市社会风险治理现状

北京作为首善之区，不断更新公共治理理念，以实现政府、企业、社会、市民等多个主体的多元互动达致共赢的善治状态；强化公共治理民主化、公平化的价值目标，坚持以人为本的城市化意涵，呼吁城市空间正义转向，以空间正义的价值和目标对资本和权力加以适度规范和引导；推进公共治理方式方法的效能化，坚持行政手段、市场化手段、法律手段、工商管理及其社会自主的互为效用，实现城市空间治理能力的提高和治理体系的完善。

现实正是北京贯穿以人为本逻辑的映照。2015年12月20—21日，中央城市工作会议在北京举行。时隔37年，中国再次召开中央城市工作会议，在"建设"与"管理"两端同时着力，转变城市发展方式，完善城市治理体系，提高城市治理能力，突出城市治理效果，努力解决"城市病"等突出问题。会议指出，城市工作是一个系统化工程，做好城市工作，要顺应城市治理工作新形势、改革开放发展新要求、人民群众生活新期待，坚持以人民为中心的发展思想。坚持人民城市为人民，这是我们做好城市工作的出发点和落脚点。[①] 2017年10月，在党的十九大报告中，习近平总书记提出了"中国特色社会主义进入了新时代"的重大政治判断，强调我国社会主要矛盾已经从"人民日益增长的物质文化需要同落后的社会生产之间的矛盾"转化为"人民日益增长的美好生活需要和不平衡不充分的发展之间的矛盾"。[②] 在《北京城市总体规划（2016—2035年）》中，北京的城市发展目标是"要立足北京实际，突出中国特色，按照国际一流标准，坚持以人民为中心的发展思想，把北京建设成为在政治、科技、文化、社会、

---

① 为何37年后再次召开中央城市工作会议［EB/OL］.［2015-12-22］. http://www.xinhuanet.com//politics/2015-12/22/c_128556703.htm.

② 习近平. 决胜全面建成小康社会，夺取新时代中国特色社会主义伟大胜利——在中国共产党第十九次全国代表大会上的报告［N］. 人民日报，2017-10-28.

生态等方面,具有广泛和重要国际影响力的城市,建设成为人民幸福安康的美好家园。充分发挥首都辐射带动作用,推动京津冀协同发展,打造以首都为核心的世界级城市群"。①

根据《北京城市总体规划（2016—2035年）》,北京与其他城市最大的不同之处就在于"首都"二字。北京的发展建设要处理好"都"与"城"的关系,紧紧围绕实现"都"的基本功能来谋划"城"的发展,以"城"的更高发展水平和发达服务保障"都"的功能。因此北京的一切工作必须坚持全国政治中心、文化中心、国际交往中心、科技创新中心的城市战略定位,"有所为、有所不为"。北京市明确了2020年、2035年、2050年三个阶段性目标。到2020年,北京建设国际一流的和谐宜居之都将取得重大进展,率先全面建成小康社会,疏解非首都功能取得明显成效,"大城市病"等突出问题得到缓解,首都功能明显增强,初步形成京津冀协同发展、互利共赢的新局面。到2035年,北京初步建成国际一流的和谐宜居之都,"大城市病"治理取得显著成效,首都功能更加优化,城市综合竞争力进入世界前列,京津冀世界级城市群的构架基本形成。到2050年,北京将全面建成更高水平的国际一流的和谐宜居之都,成为富强、民主、文明、和谐、美丽的社会主义现代化强国首都,更加具有全球影响力的大国首都,超大城市可持续发展的典范,建成以首都为核心、生态环境良好、经济文化发达、社会和谐稳定的世界级城市群。②

目前,北京市的发展目标已经逐渐从重视经济增长转变为更重视人民幸福指数的提高。如果说在以往,通过工业化、城市化来扩大发展是重要的,目前北京市已逐步认识到首都应具有更加综合的目标,应该以就业增进、产业聚焦、社会进步、生活品质提升、生态环境改善和人民生活幸福指数提高为发展转型路径,以人的幸福为目标,综合考虑经济、社会和生态环境可持续发展的综合发展指标来衡量和指导首都的发展。

特别是,近年来北京市形成一整套紧密衔接、环环相扣、设计合理的风险治理制度体系（或预案）。2004年,北京在全国率先成立应急委,统

---

① 北京城市总体规划（2016—2035年）[EB/OL].[2019-5-17]. http://www.beijing.gov.cn/zfxxgk/ftq11GJ20/gh32j/2019-05/17/content_1c5698489dfc415098b44d8debb17e6c.shtml.

② 北京城市总体规划（2016—2035年）[EB/OL].[2019-5-17]. http://www.beijing.gov.cn/zfxxgk/ftq11GJ20/gh32j/2019-05/17/content_1c5698489dfc415098b44d8debb17e6c.shtml.

一领导全市突发事件预防和应对工作。之后,北京以"一案三制"为主线,基本构建了市、区、街乡镇三级及总体预案、专项应急预案、应急保障预案、部门应急预案、社会单元应急预案和大型活动应急预案六大类组成的完善的应急预案体系。从 2010 年开始,北京西单、大栅栏商业区、什刹海风景区和天安门广场等景区已启用了"人群聚集风险预警系统"。

二、北京市社会风险治理存在的问题

尽管北京市在风险治理方面已经取得了很多宝贵经验,但依然存在可以改善的空间。北京 2017 年"11·18"大火,给社会风险治理敲响了警钟,之所以会酿成惨剧,与风险管理的意识和能力不无关系。火灾后,在为期 40 天的安全隐患大排查、大清理、大整治专项行动中,进行了两轮底数摸排,第一轮,仅消防系统就列出了 9 497 件隐患场所清单,第二轮,累计排查上账的安全隐患多达 25 395 处。①风险隐患还是很严重的。

(一)治理模式比较单一

相对来说,北京市还是坚持以政府为主体,采取自上而下的比较强制性的"单中心"治理模式。一方面,部分政府官员片面认为城市风险治理中政府是绝对责任主体,再加上"一票否决"式的绩效评估制度,通常更加重视的是向上级负责;另一方面,社会公众也普遍认为治理城市风险的责任主体是各级政府,非政府组织和普通民众的危机意识相对薄弱,导致城市风险治理体系尚存在进一步提升的空间。政府大包大揽导致非政府组织和社会公众对城市风险治理缺乏参与积极性,常常是被动参与。在依靠政府单一主体力量不足以应对解决影响巨大、波及范围较广的社会风险的情况下,在政府动员和号召的情况下,社会公众也会进行一定程度的参与,但仅仅局限于制度式和被动式参与层面,并非实质性参与。

---

① 北京市安委会相关负责人就大排查大清理大整治专项行动答记者问 [EB/OL]. [2017-11-26]. http://www.xinhuanet.com//2017-11/26/c_1122010880.htm.

（二）多部门联动效率比较低

现实生活中，风险治理的多元主体往往隶属于不同的行政体系，各自遵循的基本规则也不尽相同。此时，即使有一套将其编织于一体的制度网络，也难以有效解决治理主体间协同时的权力规则问题。因此，这套制度体系的运行效率有时就会表现得不尽如人意，尤其是在涉及跨部门、跨体系联动的环节上，往往是模式化的制度程序安排与复杂化的多变实践严重脱节，这种脱节和僵化极大地削弱了特大型城市的风险治理能力。例如，在风险治理与隐患排查中，"条"与"块"之间冲突的问题比较明显，体现在"条"与"块"之间的主体监督职责不够明确以及区级政府层面和中央部分企业关系协调难等方面。要么会出现"条"和"块"重复性上报隐患信息的情况，要么会出现治理空白问题，条线上没有进行汇报，区政府层面也不管理，甚至出现风险治理工作无人承接的"真空"区域，这两种情况都会给后期数据分析和处置工作带来困难。

（三）城市风险绩效评估体系有待提高

北京这种特大型城市风险的最大特征就是高度不确定性。风险治理牵一发而动全局，此时，风险治理的决策者承担着一定的决策风险（比如误判形势和后果）。在制度设计上，如果缺乏必要的激励机制使其始终保持警惕，这些决策者就很有可能会本着"多一事不如少一事"的原则，尽可能少地或不启动风险治理程序。因此，积极合理的激励机制需要对城市管理者政绩观的修正及围绕风险治理的投入产出比形成新的绩效评估体系。

第三节　北京市社会风险的多元协同治理机制

一、多元协同治理机制的目标

协同治理是网络组织在多元主体之间的结构塑造基础上产生的一种整体治理效应，这种共治绩效大于多元网络组织体系中各主体的自治绩效，是多元网络组织体系中各主体行为的共同目标结果。在协同治理机制中，多元网络组织体系中各主体资源的整合与行动是一致的且富有弹性的，是多元网络组织体系共同治理的有效协商结果。因此，实现协同效应的多元网络组织结构不是多个主体的简单叠加，而是多个主体的融合共生协作。从各主体利益角度看，各主体在行动时不再仅仅从自身利益来考虑，而是会考虑其所处的整个网络组织的整体利益，各主体利益与网络组织整体利益渐渐趋向一致。从多元网络结构体系的整体利益看，网络结构创造价值的大小不再取决于各主体的能力大小，而是取决于各主体间的协同默契程度，其中协同程度主要表现为主体间关系的互动及融合程度。因此，各主体间的目标一致是城市风险协同治理首先需要解决的问题。多元协同治理机制的目标主要表现为以下几个方面。

（一）以人为本

北京市的风险治理思路决定了必须以人为本。一般社会公众在突发风险面前具有更加突出的茫然性和脆弱性。为了满足人民日益增长的对生活质量和安全感的需要，迫切要求城市风险治理始终坚持将公众整体利益作为多元主体互动的基本目标。

（二）城市可持续发展

随着城市超大规模的发展，北京经济、社会、生态等各方面的隐性风险逐渐显性化，资源环境承载能力成为硬约束，北京市的可持续发展目标成为重要的一个方面。而现有的城市发展方式，包括棚户区改造、城乡接合部改造、农村城市化等依旧表现出对增量规模、房地产平衡资金的路径依赖。事实上，可持续发展既可以采用增量发展，也可以减量发展，无论是应对被动收缩治理大城市病，还是选择主动收缩，最重要的是研究实施模式以实现城市可持续发展目标，倒逼发展方式转变。

（三）有效协同

为了提升城市风险的治理绩效，有效协同就是对城市风险治理的机构、职能、组织、资源等各因素，进行重新设定和重组，将分散于各个主体的社会资源充分整合起来，实现各自优势的互补，发挥它们的整体效能，并构建起政府、市场组织和社会公民多层次、多维度合作的弹性化的城市风险治理网络结构体系，从而实现风险治理的多个主体在顺应市场机制功能的前提下，构建政府发挥主导作用、市场组织与社会主体共同参与城市风险治理的制度化平台、规范化沟通渠道和方法，实现变革的系统性、整体性和创新性。

（四）责任共担

风险面前人人平等。多元主体有效协同的目的是整合各主体的资源，大局为重，实现共赢。在城市风险治理中，政府有责任进行风险评估和预警；突发风险发生后，政府要主动采取积极有效的应对措施；突发事件处理完毕后，政府有义务进行恢复和危机管理评估与反思学习。同时，除了政府要勇于承担责任外，城市风险治理的其他主体，比如市场化组织、社会公民等，都是风险责任共同体，应与政府共同承担相应的责任。

二、多元协同治理机制的框架

面对源自现代社会的主体多元和利益分化，具有高度复杂性和复合性的社会风险，无论是隶属于行政科层的风险规制机构，还是掌握专业风险知识的专业公司和技术专家，抑或是拥有"地方性"风险知识和价值判断优势的普通社会公众，均无力单独应对现代社会风险。充分激发和引导多元主体共同参与社会风险治理的内生性活力和主动性积极性，集聚异质性社会治理思想及行为，优势互补，在多元主体之间构筑一种新的优化平衡机制，既是现代社会治理以人为本的内在要求，也是提升社会治理水平的必然选择。因此，以人为本的风险治理范式，就是要求政府组织、市场组织和社会组织无一例外均是城市进行风险治理的重要治理主体。风险治理需要在异质性治理主体之间形成理念共识，在政府、市场和普通公众之间建立起合作伙伴关系，构建由政府主导，吸纳、赋权更多主体、更多层级共同参与的"多中心"协同治理体系，形成"政府——社会风险治理机制""市场——商业保险、储蓄、投资的风险补偿机制""社会——家庭、社区、民间风险救助机制"三位一体的、系统的、动态的社会风险多元协同治理格局，从而有效破解"集体行动的困境"，真正体现以人为本。

协同治理是在多元主体之间的结构塑造基础上产生的一种整体治理效应，多元治理主体采取包容性和开放式决策与跨边界合作的方式执行政策，这种共治绩效往往大于多元组织体系中各主体的自治效果，是多元组织体系中各主体行为的共同目标结果。在协同治理机制中，多元组织体系中各主体根据协同秩序形态，通过整体构造、竞争除错、同步节奏、记忆联想等功能，实现整个组织框架统一一致且富有弹性的资源整合与行动，是多元组织体系共同治理的有效协商结果。因此，实现协同效应的多元组织结构不是各个主体的简单线性加总，而是各部门实现多主体、多层级、多环节以及多层面的有效协同，实现各个主体内外部资源的融合共生协作。从多元结构体系的整体利益看，组织结构创造价值的大小不再只是取决于各参与主体的自身能力，而是取决于各主体间的协同默契程度，这种协同程度主要表现为主体间关系的共时性规则及有序结构互动和耦合程度，即整体系统的自组织运动程度。从各主体利益角度看，各主体在行动时不再仅仅从自身利益来考虑，也会与其所处的整个组织的整体利益特质相关联，个体利益要服从整体利益，不只是强调自由竞争，也强调团结合作，自觉有意识地使各主体利益与组织整体利益渐渐趋向一致。

因此，城市风险多元协同治理机制框架是政府、市场与社会公民等多元主体，为了科学高效地应对城市突发风险事件，通过流程再造和有效的协同机制，形成的互相依赖、统筹兼顾、利益共享、协同创新的动态自组织网络系统。它不但是一个协同效应引导下由各个节点组成的静态网络，而且是一个各个节点不断有机解构、建构与重构的动态复杂系统。这个系统中的各个节点利用信息技术与网络结构进行频繁的交流互动，以保证分布于社会不同空间和层面的各个节点，实现资源的合理配置与融合，形成一个稳健的、扁平化的、富有弹性的、创新包容的城市公共安全治理组织网络结构。在这个治理机制框架中，政府组织是核心主体和中心节点，居于全面统筹协调的主导地位，在理顺各级政府组织之间关系的基础上，整合市场以及社会的力量，通过各个节点纵向协同与横向协同的相互支撑，形成多主体协同治理的制度化规范体系与自组织化的治理网络格局，在城市风险治理中发挥着制度设计和政策制定的作用，用以目标聚合及资源配置，并以共同的价值理念和利益诉求将城市风险治理的各个主体有效整合起来，通过政治性约束和功能性激励的"策略性收放"来实现政府和市场组织、社会公民之间的巧妙平衡，形成一个上下贯通、内外相协、互联互通、紧密有致、宽松自如、刚柔相济的合作体系，最终形成城市风险治理的社会整体合力。随着风险外延的扩大，加上城市特性对风险治理复杂程度的加深，城市风险治理很难单独由政府一方做到全面管理。因此，除了政府的制度规范作用，同时需要市场组织的恰当运用和社会公众的实质性参与。市场和社会公众作为增强城市的公共安全水平、维持整个社会的稳定发展的重要主体，在治理框架中占有重要地位，市场组织主要在投资激励、计算理性、风险补偿方面发挥资源配置作用，社会公众的实质性参与主要是在民主协商、网络治理方面发挥积极参与的作用。市场组织、社会公众之间的相互合作、相互沟通，共同促进了整个网络格局协同关系的发生与发展，如图6-2所示。

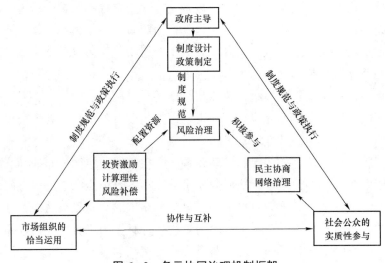

图6-2 多元协同治理机制框架

三、多元协同治理机制的实施

（一）政府主导的风险治理

北京的首都定位、国家中心、时代特征等特质，决定了其治理体系既具有同国内其他特大城市如上海、天津、广州、深圳等地治理的共性,但又需要其在共性基础上更多地凸显其个性。在高速运行的社会风险中,政府组织、市场组织和社会公众无一例外均是北京进行风险治理的重要治理主体,需要构建由政府主导,多主体、多层级共同参与的"多中心"治理体系,并且风险治理需要在异质性治理主体之间形成价值共识,有效破解"集体行动的困境",需要创新社会治理资源整合及财政公开透明化机制,建立有效预防、化解社会风险的体制和社会利益整合机制。

在不同的治理主体中,由于北京的定位,北京必须是政府主导的风险治理体系。政府,作为具有针对性的规则与规制(regulation)等公共权力的反映,其政治科层体系的组织架构能够确保社会风险被及时分析与高效治理。一般来说,政治科层体系主导下的风险治理有其合理性。首先在风险源头治理上,政府能够承担主要预警的责任。面对错综复杂的社会风险局面,政府能够有效地结合风险指数进行科学评级与分类,综合运用模式识别、热点探测、趋势预测、关联分析等技术手段对各种风险进行预测、模拟,对城市可能遭受的社会风险打击做出预警研判。由于政府对于风险信息的来源渠道比较正式公开,风险鉴别过程比较谨慎可信,甚至关于风险预警的话语体系也是比较严密正式的,从而对社会风险的有效治理起着关键作用。其次在风险治理的过程中,政府会快速形成高度组织化的应急联动体系,在风险治理第一线发挥绝对主导作用,统筹调动人、财、物。几乎所有的政府主导的风险治理系统及装备都非常精良。为了达到满足庞大科层体系运作的需要,城市风险治理成本巨大,需要大量资金投入风险治理的技术领域——信息技术、网络、大数据分析、卫星、软件与感应器等基础设施方面。在这方面,政府具有显著优势,可以集政府的力量进行大范围动员。同时这些技术应用和大数据共享也改变了政治科层体系烦琐的组织流程与决策方式,减少了信息扭曲与时滞,提高了治理效率。再次在风险治理实施效果上,风险治理的复杂性往往使政府的风险治理效果相对令人满意。政府作为公共权力的代表,可以利用一切可供利用的条件进行治理。科层制使各级政府之间、政府部门之间以及政府官员之间密切合作,在风险治理的激励和约束中统筹行动,最大限度地减少风险、缓释城市社会风险的破坏力,共同创造出风险治理效率。因此,要充分发挥政府"高位推动"和跨体系动员的组织能力,并以此敦促各部门"守土尽责",

形成一种风险治理环环相扣的制度化责任链条，并将其纳入全国一盘棋的风险治理框架中。

伴随城市"电子政务""智慧治理""智能社区"等方式的推广，城市风险治理是大数据时代信息技术得以应用的重要领域。在风险治理载体上，大数据具有功能集成、反应灵敏、扁平高效等特征。政府综合利用大数据、云计算、物联网等现代信息技术，通过挖掘关联数据相关性，加强"互联网+"在城市公共卫生防疫、风险预警、应急管理、抗灾减灾、社会安全和精准服务等领域的应用，有效降低城市风险发生的概率，提升城市风险治理的有效性和精准化，增强风险预警能力，降低城市风险带来的危害性后果，确保社会安全的可持续发展。在风险治理渠道上，微信、微博、各种 App 软件等新载体逐渐替代了报纸、电视、网站等传统媒介，成为信息传播的移动平台，加快了数据资源传播速度，提升了人们对风险隐患的接触面和敏感度，但这种信息的即时传播同时也降低了网络信息的可辨识度。政府部门作为社会舆论的责任导向，有义务迅速、即时还原风险事件真相，利用云计算和物联网等最新技术收集、跟踪、分析海量社交数据，探寻风险事件发生的诱因和动态过程，及时公布信息，加强客观舆论导向。在风险治理机制上，即技术协同治理，这种技术协同通过技术赋权和技术监管两个方面来实现。技术赋权与技术监管的动态平衡，使政府部门机构之间因信息流动而形成一种有别于制度性协同治理的扁平化、开放性的治理结构。① 技术协同治理打破了公共组织内部治理结构的封闭性，填平了横向部门分工和纵向层级划分的鸿沟，增加了体制的韧性和载荷，大大降低了风险治理的成本。政府主要对大数据多头管理进行顶层设计，自上而下统一规划风险大数据库，建立相关资源大数据标准体系及共享平台，加快部门间的数据信息共享，改变各自为政的数据壁垒和数据孤岛现象，从而扭转政府单一治理、效率低下和成效不彰的局面。根据统一有效的数据库，对城市规划、建设、运行和管理中的各种现实问题和隐患进行通盘考虑，统筹规划，对各级各类社会风险时刻处于安全状态的实时监控中，从源头预防矛盾和风险发生，大力开发社会风险治理技术工具，构建"识别、评估、防范"风险的相关管理机制，有效实施风险化解甄别疏导机制，大力

---

① 张丙宣. 政府的技术治理逻辑 [J]. 自然辩证法通讯，2018（5）：96.

提高风险治理效率。

　　政府的主要治理责任并不意味着建立一个至高无上的威权政府，相反政府应该从始至终秉承"以人民为中心"的核心理念，在处理和协调不同社会群体利益表达、利益实现与利益冲突的途径、条件和方式上准备充分，时时事事注重和强调基层协商民主，深入推进基层民主建设，推广典型民主议决事制度，通过最广泛动员群众参与基层决策。政府主要承担的就是机构制度设计、提出远景设想等责任。要把"社会风险治理"列为政府治理现代化的主要内容，将社会风险治理纳入城市的长远发展规划中，将防范各种潜在的社会风险因素整合到城市的日常管理中；认真思考城市社会风险生成的社会、文化与制度根源以及国内外情境，通过一系列的政策与制度安排、机制设计，尽可能地消除各种复杂风险生成的诱因和土壤，从而从根本上有效地调整不同社会结构之间的张力，使社会风险趋于和缓，并逐步在新的制度条件下形成相对平衡。

　　政府的主要治理责任也并不意味着技治主义，即不能过度强调技术驱动和算法，相反政府必须警惕信息技术在促进多元主体共同治理过程中的行政化和内卷化倾向。信息技术的使用是一把双刃剑，要摒弃对风险治理的技术性特征的盲目崇拜，合理使用技术治理工具，防止技术性治理工具的滥用。[①] 各种风险技术的模拟、预测的分析结果仅仅作为一种决策参考的依据而已，而不应该代替政府部门去判断、决策与执行，更不应该舍弃风险治理中的人性化关怀。尤其要注意警惕并防范"数字利维坦"对风险治理的侵害和剥夺。工具主义的技术逻辑并不能包治百病，不可能承载风险治理的所有战略目标，甚至技术治理运用失当以及不均衡还有可能成为风险的来源之一。工具理性的放大风险也需要防范。

　　对于北京来说，在政府主导的风险治理角色方面，不是减弱而是加强，抵御现代社会风险的巨大危害已绝非个人或某一机构有能力单独实现，需要政府在社会风险治理中承担不可替代的主要职责。在城市规划上，目前北京正在构建"一核一主一副、两轴多点一区"的城市空间结构，就是对风险治理的空间体现。雄安模式的基本思路是通过转移过度集中于首都地

---

① 陈剩勇，卢志朋. 信息技术革命、公共治理转型与治道变革 [J]. 公共管理与政策评论，2019 (1)：45.

区的资源到城市化程度较低的雄安地区，完全改变以往纯粹集中集聚的城市发展思路，充分尊重城市化发展的流动性差异逻辑，确立一种兼容集聚与疏散的双向流动的规划思路。根据需求均衡的原则来科学合理布局城市空间，这也是社会风险纾解的思路。同时，在雄安新区，全面扭转主流的以房地产为支柱的城市化道路，这是对城市不平衡发展的资本极化逻辑的合理扬弃，直接避免了房地产导致的风险样态，为全国广大的内陆城市发展提供了鲜活的现实借鉴。目前对这种房地产发展路径需要进一步规范，细化进一步实施的落地措施。北京城市副中心所在的通州目前的社会、环境和经济综合承载力水平还较低，低水平的综合承载力会制约北京城市副中心的发展。为避免综合承载力水平过低给北京城市副中心的发展带来硬性约束，未来应着力提高北京城市副中心的社会、环境和经济三大承载力，增强其承接各种资源要素的能力，使其成为中心城区非首都功能疏解的主要空间载体。

（二）市场组织的恰当运用

在新常态经济形势下，面对产能过剩、创新不足、房地产泡沫、债务等这些重大市场问题，党的十八届三中全会提出，让市场起决定性作用，更好地发挥市场的作用。城市空间无论是存量还是增量，都是资源不断得到重新配置的过程，因此发挥市场在资源配置中的决定性作用，优化价格配置机制，提高市场在资源配置中的效率，是激发城市空间发展的活力所在。

对市场组织的运用，原因有三：一是市场是政府风险治理的有益补充。政府主导的城市精细化治理成本高昂，必须有强大的财政预算作为后盾，治理难度的增加及治理层次的差异性导致政府将部分的治理权力让渡给市场组织。特别是在财力紧张的情况下，市场组织的介入可以化解政府宏观风险治理的压力，所以市场主体的运用有其合理性。二是市场的风险偏好。与其他主体不同的是，政府和社会公民是风险厌恶者，而市场则是风险偏好者。通过风险获利本身就是一项重要的市场职能。同时市场中私人部门趋利避害的本性，使其对于风险更为敏感且具有更强的弹性与创新精神，能够对风险进行科学的评估和补偿，提高个人参与风险管理的积极性。三是市场化不足是中国目前风险损失补偿体系面临的主要问题。商业市场化保险承保不足，风险发生后，损失补偿主要依靠国家财政和民间捐助，所以，需要将市场组织的专业化理念、经验、技术和方法纳入城市社会风险多元协同治理体系中。市场专业公司本身的风险管理专业优势，以及集合各领域风险管理专家形成的资源平台优势，足以在风险预防、消减、分散、共担等环节发挥应有的积极作用。

因此，在城市的风险治理中，应该不断健全完善城市社会风险公共治理的市场化机制，以政府购买服务、招投标的方式，聘请城市社会风险专业管理保险公司，鼓励并引导风险管理专门机构积极参与城市风险管理和治理服务。一方面，政府通过委托专业保险公司承担重要行业、重点领域的风险管理事项，使保险业与城市风险治理的重点建设、重大任务紧密对接、协调发展，以充分发挥风险治理专家、中介机构的技术支撑作用，逐步建立健全企业委托服务模式、安全协作模式、协会自治模式等方式，提高城市社会风险治理的能力和效率，分散政府的保险压力。这些市场组织是城市风险治理可以依托的重要力量，其风险管理服务渗透到自然灾害、公共卫生、公共安全、市政交通、环境污染、空气质量等各个方面，通过风险识别、风险评估、隐患排查与整改等措施的实施，能够着力提升防灾防损的客户风险管理方案，促进各领域安全生产主体责任的全面落实，客观上起到协助政府城市风险治理的作用。另一方面，市场组织也要自觉融入城市风险治理。目前保险行业保险产品的设计和保险服务还需要大力加强，只有更加积极地投入到城市社会风险治理中，依托更大领域和范围的保险产品，积极推介体现保险本质功能的产品和服务，才可以提高自身的专业能力，加快保险产品创新，改进保险服务，提升保险风险管理技术水平，增强保险机构的核心竞争力。

需要指出的是，在市场对风险进行治理的过程中，需要恰当运用。随着市场在空间范围上的不断扩展以及自身结构的日益复杂化，市场不仅是治理风险的重要机制，也成为现代社会的重要风险来源。市场组织的战略目标与政府不同，其赢利本性有可能运行失误或发挥不当，会直接导致经济动荡，并进而使风险不断放大，其引发的风险可能是涉及全球性的，比如 2008 年金融危机。同时，也是更重要的是，市场组织所驱动的利润最大化和效用最大化虽然提高了经济效率，满足着人类不断增强的物质需求欲望，但也破坏了人类与自然界的关系，产生着新的技术风险和自然风险。①

由此可知，风险治理的市场化组织和政府主导，是相辅相成的有机共生关系，不是非此即彼的相互替代关系。市场化组织主要是作用于能够参与商业保险的项目和领域，重在提高参保率和积极性；政府主导机制重在风险治理规划、设计和一些事关国计民生的重要保险保障领域，二者共同承担城市的风险治理。作为政府，要促进政府增强保险保障服务和预防城市风险治理的统筹规划，根据保险责任和领域分类指导，重点推动购买安全保障的保险民生工程；作为市场组织，要促进风险市场化承担机制与多层次灾害补偿市场机制的有效形成，促进商业化保险在城市社会风险治理中功能作用的切实发挥。

（三）社会公众的实质性参与

城市空间不仅是国家权力支配的政治空间，也是民众生活的社会空间，国家与社会在风险治理中良性相倚的格局，需要对社会公众的影响力进行重塑。在以往的城市风险管理体制中，城市风险治理结构虽然存在积极的"结构演进"的一面，但受工具主义的影响，总体上仍表现为"结构固化"的特征，忽视了风险治理中社会公众"个性化信息需求"不断增加的趋势。社会公众的主体性发育水平一般较低，社会公众在风险治理过程中通常成为"沉默的一群人"。根据"海因里希法则"（Heinrich's Law），统计规律说明在一件重大安全事故的背后，必有 29 件轻度事故的发生，并同时存在 300 件潜在隐患。而这些隐患，仅靠政府是难以发现的。鉴于城市风险的耗散性，其危害产生的波及力以及相关伴生危害，需要凝心聚力群防群治推动整个城市大系统。例如，2012 年 7 月北京特大暴雨，尽管政府部门六次发出预警，仍然有超过 160 万人口受暴雨影响，并导致 79 人死亡，社会公众对风险背后的"隐患"数量、程度如何等问题显然没有与政府同步，因此公众参与的效果并没有达到理想目标。②

城市社会风险治理的精细化实践一再证明，对于众多非重点受灾因素、

---

① 杨雪冬. 全球化、风险社会与复合治理 [J]. 马克思主义与现实，2004（8）：68.
② 吴新叶. 大都市社会安全预警建设的机理及其利用——以国家—社会二分法为视角 [J]. 上海行政学院学报，2014（5）：16.

重大事故背后的隐患预警，单靠政府主导机制是远远不够的，因此特别需要因势利导激活社会的内生能力和自治能力，拓展微观社会机制的成长空间，推动社会功能的自我修复，创设合理制度环境促使更多的社会微观结构性原子单元，如社区、社会组织和公众，来共同参与、承担风险化解的功能，增强社会应对风险的韧性。社区作为最贴近人民群众的组织，扎根群众基层是其最大的优势，容易产生共同情感、社会韧性、集体权利以及身份认同，发挥好对社区微治理的宣传教育、培训指导、监测预警等共建共治作用，形成得到社区认同的社会微观层面上的规则、习惯以及认知方式，从而成为有效风险治理的基层中坚力量。社会组织也是风险治理当中的重要资源。作为一种新生的结构性力量，社会组织的灵活性、专业性和创新型的特点，能够显著改善公共服务供给格局，弥补政府及市场组织风险治理中的不足之处。因此，风险治理离不开社会公众这一重要参与主体。"21世纪是地方治理的新时代，一个以公民治理为中心和主导的时代。"[①]只有通过风险教育、风险隐患排查等具体的实际行动，努力提升公民的风险识别、防范能力，扩展公民有序参与风险治理体系的具体行动，才能筑牢整个城市的社会风险治理基础。美国学者阿尔斯泰因将公众参与分为三个层次——假性参与、象征性参与、实质性参与，随着参与层次的递进，社会公众参与程度逐渐提升，两者呈现正相关关系。从实践看，目前我国的城市社会风险治理中公众参与仍然处于第二个层面。[②]

其实客观上说，在城市风险治理中，北京在调动社会力量方面应该是榜样城市。北京一直大力提倡"人民城市人民建、人民城市人民管"的多元治理理念，畅通公众参与城市治理的渠道，一定程度上满足了市民自我实现的需求，既提升了市民的成就感，又节约了公共资源，提高了城市治理效率。首都市民参与意识较为浓厚，在城市综合治理领域涌现出了"朝阳群众""西城大妈""海淀网友""丰台劝导队"这样具有现代治理理念的公众参与群体。据有关部门统计，截至2017年年底，朝阳区共有实名注册的"朝阳群众"达14万余人，相当于平均每平方公里有近300人（朝阳区面积470.8平方公里）。其中，与朝阳警方互动较多的"朝阳群众"数量达

---

① [美]理查德·C 博克斯. 公民自治[M]. 孙柏瑛，译. 北京：中国人民大学出版社，2013：2.
② 杨冬梅. "互联网+"时代公众参与城市风险治理探析[J]. 行政论坛，2016（11）：105.

到近 7 万名，平均每月向朝阳警方提供线索大约 2 万条。2017 年 3 月"朝阳群众"App 正式上线运行，仅 2017 年朝阳警方接报"朝阳群众"举报的有价值线索 8 300 余条，破获案件 370 余起，消除各类安全隐患 390 余起。①

但是，北京毕竟是北京，作为举国中心，风险治理的精细化管理需要精益求精，积极探索首善之区高质量发展共建、共治、共享的典范，不断加强社会治理制度建设，完善党委领导、政府负责、社会协同、公众参与、法治保障的社会治理体制，提高社会治理社会化、法治化、智能化、专业化水平。② 坚持人人尽责、人人享有，不断满足人民日益增长的对美好生活的需要，促进城市社会公平正义，形成切实有效的社会风险治理、良好的社会运行秩序，使人民的获得感、幸福感、安全感更加充实、更有保障、更可持续。

因此，北京市公众参与城市社会风险治理创新，应积极借鉴国外风险治理的先进经验和理念，立足新常态下风险治理的新目标、新要求，不断探索城市公众参与风险治理的新思路，创新公众参与风险治理的制度安排，使公众参与的创新驱动成为新常态下风险治理的内在驱动力。这种实质性参与，就是公民通过以协商理念为基础所建构起来的程序性制度和风险沟通渠道，就特定的风险议题向政府、企业、他人自由地充分表达自己的社会诉求的稳定的公共话语空间。尽管不同群体的风险认知、表达能力与可得性表达渠道存在客观差异，但是一旦构建了这样一种空间，则公众就可以充分展现自己的风险偏好，阐述自己的价值理念，贡献自己的风险知识，并为自己的风险偏好、观点、利益诉求和价值诉求等提供富有逻辑的合理证明。同时，风险治理决策参与者也得以向参与公众分享自己的观点和利益诉求，与参与公众展开切实充分的风险沟通，知悉和理解他们及其所代表的群体或组织就特定风险所抱持的偏好和观点的理由，并围绕风险展开理性辩论，有效化解公众疑虑和恐惧情绪。社会公众的实质性参与会带来巨大的乘数效应，实现城市空间从"我"到"我们"的转变，从而最大限度地规避风险于无形。

---

① 施昌奎. 精细化治理的北京思路 [J]. 前线，2018（11）：92.
② 习近平. 决胜全面建成小康社会，夺取新时代中国特色社会主义伟大胜利——在中国共产党第十九次全国代表大会上的报告 [N]. 人民日报，2017-10-28.

公众实质性参与城市风险治理中，培育"互联网+"思维也是一个很好的突破口。"互联网+"不仅是技术和手段，更是方法论。现代信息技术克服了社会成员积极参与公共事务的时空障碍，任何单独的社会成员通过互联网节点式的传播模式，都能随时随地作为公共事务的参与主体介入自己感兴趣的公共话题，打消对潜藏风险的疑虑，因而能够极大降低社会公众影响政府公共决策过程的成本。在解决与公众生活息息相关的城市交通拥堵、养老问题、医疗资源不足、公共疫情等城市治理问题上，"互联网+"被视为一个有效手段。现代社会公众参与城市风险的"互联网+"治理，就是将公民参与环节广泛纳入"风险沟通"，政府运用大数据、云计算、物联网等技术向公众赋权授能，使公众对城市风险实行实时动态追踪，及时了解各类风险源，掌控风险源的变化情况；鼓励公民利用微信、微博、QQ、网络论坛等各种社交工具参与及理性表达，快速传递各种风险信息，政府准确研判风险隐患态势，迅速排查威胁社会安全和危害人民生命财产健康的风险因素，并迅速做出应急处置，降低风险事件发生概率，做好社区、公众的风险防护，彻底排查和隔离风险，推动城市的健康发展。例如在抗击新冠肺炎疫情中，公众通过疫情实时动态了解疫情、健康打卡、网络查询行迹等都是通过信息技术手段实质性参与。公众越是实质性地参与，越是对风险有清晰的了解，越能够消除风险恐慌，并越能够找到妥善的理性防护办法。

参考文献

中文文献：

［1］马克思，恩格斯. 马克思恩格斯文集（第 1 卷）[M]. 北京：人民出版社，2009.

［2］马克思，恩格斯. 马克思恩格斯文集（第 2 卷）[M]. 北京：人民出版社，2009.

［3］马克思，恩格斯. 马克思恩格斯文集（第 5 卷）[M]. 北京：人民出版社，2009.

［4］马克思，恩格斯. 马克思恩格斯文集（第 6 卷）[M]. 北京：人民出版社，2009.

［5］马克思，恩格斯. 马克思恩格斯文集（第 7 卷）[M]. 北京：人民出版社，2009.

［6］马克思，恩格斯. 马克思恩格斯文集（第 8 卷）[M]. 北京：人民出版社，2009.

［7］马克思，恩格斯. 马克思恩格斯文集（第 9 卷）[M]. 北京：人民出版社，2009.

［8］马克思，恩格斯. 马克思恩格斯选集（第 1 卷）[M]. 北京：人民出版社，2012.

［9］马克思，恩格斯. 马克思恩格斯全集（第 2 卷）[M]. 北京：人民出版社，1965.

［10］马克思，恩格斯. 马克思恩格斯全集（第 21 卷）[M]. 北京：人民出版社，2003.

[11] 马克思,恩格斯. 马克思恩格斯全集(第25卷)[M]. 北京:人民出版社,1974.
[12] 马克思,恩格斯. 马克思恩格斯全集(第26卷)[M]. 北京:人民出版社,1972.
[13] 马克思,恩格斯. 马克思恩格斯全集(第30卷)[M]. 北京:人民出版社,1995.
[14] 马克思,恩格斯. 马克思恩格斯全集(第31卷)[M]. 北京:人民出版社,1998.
[15] 马克思,恩格斯. 马克思恩格斯全集(第32卷)[M]. 北京:人民出版社,1998.
[16] 马克思,恩格斯. 马克思恩格斯全集(第33卷)[M]. 北京:人民出版社,2004.
[17] 马克思,恩格斯. 马克思恩格斯全集(第46卷)(上)[M]. 北京:人民出版社,1980.
[18] 马克思,恩格斯. 马克思恩格斯全集(第46卷)(下)[M]. 北京:人民出版社,1980.
[19] 马克思,恩格斯. 马克思恩格斯全集(第48卷)[M]. 北京:人民出版社,1985.
[20] 马克思,恩格斯. 马克思恩格斯全集(第49卷)[M]. 北京:人民出版社,1982.
[21] 列宁. 列宁全集(第27卷)[M]. 北京:人民出版社,1990.
[22] [英]约翰·伊特韦尔,[美]默里·米尔盖特,彼得·纽曼. 新帕尔格雷夫经济学大辞典[M]. 陈岱孙,译. 北京:经济科学出版社,1996.
[23] [美]弗兰克·H. 奈特. 风险、不确定性与利润[M]. 安佳,译. 北京:商务印书馆,2006.
[24] [英]尼克·皮金,等. 风险的社会放大[M]. 谭宏凯,译. 北京:中国劳动社会保障出版社,2010.
[25] [德]乌尔里希·贝克. 世界风险社会[M]. 吴英姿,孙淑敏,译. 南京:南京大学出版社,2004.
[26] [德]乌尔里希·贝克. 风险社会[M]. 何博闻,译. 南京:译林

出版社，2004．

[27] [德] 乌尔里希·贝克，[英] 安东尼·吉登斯，斯科特·拉什．自反性现代化 [M]．赵文书，译．北京：商务印书馆，2001．

[28] [英] 安东尼·吉登斯．失控的世界 [M]．周红云，译．南昌：江西人民出版社，2001．

[29] [英] 安东尼·吉登斯．社会的构成——结构化理论纲要 [M]．李康，等译．北京：中国人民大学出版社，2016．

[30] [英] 安东尼·吉登斯．现代性的后果 [M]．田禾，译．南京：译林出版社，2000．

[31] [英] 谢尔顿·克里姆斯基，多米尼克·戈尔丁．风险的社会理论学说 [M]．徐元玲，等译．北京：北京出版社，2005．

[32] [德] 奥特弗利德·赫费．作为现代化之代价的道德 [M]．邓安庆，朱更生，译．上海：上海世纪出版集团，2005．

[33] [美] 麦克尔·哈特，[意] 安东尼奥·奈格里．帝国——全球化的政治秩序 [M]．杨建国，等译．南京：江苏人民出版社，2003．

[34] [匈] 卢卡奇．历史与阶级意识 [M]．杜章智，等译．北京：商务印书馆，2009．

[35] [德] 罗莎·卢森堡，[苏] 尼·布哈林．帝国主义与资本积累 [M]．柴金如，等译．哈尔滨：黑龙江人民出版社，1982．

[36] [美] 戴维·哈维．后现代的状况 [M]．阎嘉，译．北京：商务印书馆，2003．

[37] [美] 大卫·哈维．新帝国主义 [M]．初立忠，沈晓雷，译．北京：社会科学文献出版社，2009．

[38] [美] 大卫·哈维．希望的空间 [M]．胡大平，译．南京：南京大学出版社，2006．

[39] [美] 大卫·哈维．资本的限度 [M]．张寅，译．北京：中信出版集团，2017．

[40] [美] 大卫·哈维．新自由主义简史 [M]．王钦，译．上海：上海译文出版社，2016．

[41] [美] 大卫·哈维．资本社会的17个矛盾 [M]．许瑞宋，译．北京：中信出版集团，2016．

[42] [美]戴维·哈维. 叛逆的城市[M]. 叶齐茂,倪晓晖,译. 北京:商务印书馆,2014.

[43] [美]大卫·哈维. 跟大卫·哈维读《资本论》(第一卷)[M]. 刘英,译. 上海:上海译文出版社,2014.

[44] [美]大卫·哈维. 新自由主义化的空间[M]. 王志弘,译. 台湾新北:群学出版有限公司,2008.

[45] [美]大卫·哈维. 资本之谜[M]. 陈静,译. 北京:电子工业出版社,2011.

[46] [美]大卫·哈维. 世界的逻辑[M]. 周大昕,译. 北京:中信出版集团,2016.

[47] [美]大卫·哈维. 资本的城市化[M]. 董慧,译. 苏州:苏州大学出版社,2017.

[48] [美]戴维·哈维. 正义、自然和差异地理学[M]. 胡大平,译. 上海:上海人民出版社,2015.

[49] [法]亨利·列斐伏尔. 空间与政治[M]. 2版. 李春,译. 上海:上海人民出版社,2015.

[50] [法]亨利·列斐伏尔. 马克思的社会学[M]. 谢永康,等译. 北京:北京师范大学出版社,2018.

[51] [法]亨利·列斐伏尔. 都市革命[M]. 刘怀玉,等译. 北京:首都师范大学出版社,2018.

[52] [美]斯塔夫里阿诺斯. 全球通史:从史前史到21世纪[M]. 修订版. 吴象婴,等译. 北京:北京大学出版社,2006.

[53] [匈]卢卡奇. 关于社会存在的本体论(下卷)[M]. 白锡堃,等译. 重庆:重庆出版社,1993.

[54] [美]海曼·P 明斯基. 稳定不稳定的经济——一种金融不稳定视角[M]. 石宝峰,等译. 北京:清华大学出版社,2015.

[55] [美]曼纽尔·卡斯特. 网络社会的崛起[M]. 夏铸九,等译. 北京:社会科学文献出版社,2003.

[56] [美]曼纽尔·卡斯特. 网络星河:对互联网、商业和社会的反思[M]. 郑波,武炜,译. 北京:社会科学文献出版社,2007.

[57] [美]爱德华·W 苏贾. 后现代地理学[M]. 王文斌,译. 北京:

商务印书馆，2009．

[58] [美] 爱德华·W 苏贾．后大都市——城市和区域的批判性研究 [M]．李钧，等译．上海：上海教育出版社，2006．

[59] [美] 赫伯特·马尔库塞．单向度的人 [M]．李春，译．上海：上海世纪出版集团，2012．

[60] [美] 彼得·迪肯．全球性转变——重塑 21 世纪的全球经济地图 [M]．刘卫东，译．北京：商务印书馆，2007．

[61] [美] 阿里夫·德里克．后革命氛围 [M]．王宁，等译．北京：中国社会科学出版社，1999．

[62] [美] 阿里夫·德里克．跨国资本时代的后殖民批评 [M]．王宁，等译．北京：北京大学出版社，2004．

[63] [美] 麦克·布洛维．公共社会学 [M]．沈原，等译．北京：社会科学文献出版社，2007．

[64] [美] 哈里·布雷弗曼．劳动与垄断资本 [M]．方生，等译．北京：商务印书馆，1979．

[65] [加] 罗伯特·W 考克斯．生产、权力和世界秩序 [M] //社会力量在缔造历史中的作用．林华，译．北京：世界知识出版社，2004．

[66] [美] 威廉·拉佐尼克．车间的竞争优势 [M]．徐华，黄虹，译．北京：中国人民大学出版社，2007．

[67] [美] 迈克尔·布若威．制造同意——垄断资本主义劳动过程的变迁 [M]．李荣荣，译．北京：商务印书馆，2008．

[68] [日] 大前研一．M 型社会：中产阶级消失的危机与商机 [M]．刘锦秀，等译．北京：中信出版社，2007．

[69] [意] 理查德·贝洛菲尔、罗伯特·芬奇．重读马克思——历史考证版之后的新视野 [M]．徐素华，译．北京：东方出版社，2010．

[70] [挪威] 埃里克·S 赖纳特．富国为什么富，穷国为什么穷？[M]．杨虎涛，等译．北京：中国人民大学出版社，2010．

[71] [德] 安德烈·冈德·弗兰克．依附性积累与不发达 [M]．高铦，高戈，译．南京：译林出版社，1999．

[72] [德] 安德烈·贡德·弗兰克．白银资本 [M]．刘北成，译．北京：中央编译出版社，2008．

［73］［美］安德鲁·芬伯格. 技术批判理论［M］. 韩连庆, 曹观法, 译. 北京: 北京大学出版社, 2005.

［74］［英］安德鲁·格林. 放纵的资本主义［M］. 孙杰, 靳继东, 译. 北京: 东方出版社, 2009.

［75］［英］多琳·马西, 等. 城市世界［M］. 杨聪婷, 等译. 武汉: 华中科技大学出版社, 2016.

［76］［英］多琳·马西. 保卫空间［M］. 王爱松, 译. 南京: 江苏教育出版社, 2013.

［77］［美］爱德华·格莱泽. 城市的胜利［M］. 刘润泉, 译. 上海: 上海社会科学院出版社, 2012.

［78］［法］托马斯·皮凯蒂. 21世纪资本论［M］. 巴曙松, 等译. 北京: 中信出版社, 2015.

［79］［美］艾拉·卡茨纳尔逊. 马克思主义与城市［M］. 王爱松, 译. 南京: 江苏教育出版社, 2013.

［80］［英］约翰·伦尼·肖特. 城市秩序: 城市、文化与权力导论［M］. 2版. 郑娟, 梁捷, 译. 上海: 上海人民出版社, 2015.

［81］［美］艾伦·J斯科特. 浮现的世界: 21世纪的城市与区域［M］. 王周杨, 译. 南京: 江苏凤凰教育出版社, 2017.

［82］［美］马克·戈特迪纳. 城市空间的社会生产［M］. 2版. 任晖, 译. 南京: 江苏凤凰教育出版社, 2014.

［83］［美］萨斯基娅·萨森. 驱逐: 全球经济中的野蛮性与复杂性［M］. 何淼, 译. 南京: 江苏凤凰教育出版社, 2016.

［84］［美］凯文·林奇. 城市意向［M］. 2版. 方益萍, 等译. 北京: 华夏出版社, 2017.

［85］［美］布赖恩·贝利. 比较城市化［M］. 顾朝林, 等译. 北京: 商务印书馆, 2016.

［86］［美］拉塞尔·哈丁. 群体冲突的逻辑［M］. 刘春荣, 等译. 上海: 上海世纪出版集团, 2013.

［87］［美］唐·米切尔. 城市权: 社会正义和为公共空间而战斗［M］. 强乃社, 译. 苏州: 苏州大学出版社, 2018.

［88］［加］罗伯. 希尔兹. 空间问题: 文化拓扑学和社会空间化［M］. 谢

文娟，张顺生，译. 南京：江苏凤凰教育出版社，2017.

[89] [澳]菲利普·奥哈拉. 政治经济学百科全书（上下卷）[M]. 郭庆旺，等译. 北京：中国人民大学出版社，2009.

[90] [美]罗伯特·希勒. 非理性繁荣[M]. 3版. 李心丹，等译. 北京：中国人民大学出版社，2016.

[91] [美]罗伯特·希勒. 新金融秩序[M]. 束宇，译. 北京：中信出版社，2014.

[92] [英]张夏准. 富国的伪善[M]. 严荣，译. 北京：社会科学文献出版社，2009.

[93] [英]张夏准. 资本主义的真相[M]. 孙建中，译. 北京：新华出版社，2011.

[94] [埃及]萨米尔·阿明. 不平等的发展[M]. 北京：商务印书馆，1990.

[95] [埃及]萨米尔·阿明. 资本主义的危机[M]. 北京：社会科学文献出版社，2003.

[96] [埃及]萨米尔·阿明. 世界规模的积累——欠发达理论批判[M]. 杨明柱，等译. 北京：社会科学文献出版社，2016.

[97] [英]帕特里克·格迪斯. 进化中的城市——城市规划与城市研究导论[M]. 李浩，等译. 北京：中国建筑工业出版社，2012.

[98] [美]杰克·奈特. 制度与社会冲突[M]. 周伟林，译. 上海：上海人民出版社，2017.

[99] [美]爱德华·W 索亚. 后大都市：城市和区域的批判性研究[M]. 李钧，等译. 上海：上海教育出版社，2006.

[100] [美]罗伯特·布伦纳. 全球动荡的经济学[M]. 郑吉伟，译. 北京：中国人民大学出版社，2016.

[101] [英]拉尔夫·达仁道夫. 现代社会冲突[M]. 林荣远，译. 北京：中国社会科学出版社，2000.

[102] [美]大卫·伊斯利. 网络、群体与市场[M]. 李晓明，等译. 北京：清华大学出版社，2011.

[103] [英]尼尔·史密斯. 新城市前沿[M]. 李晔国，译. 南京：译林出版社，2018.

[104] [美]爱德华·格莱泽. 城市的胜利[M]. 刘润泉, 译. 上海: 上海社会科学院出版社, 2012.

[105] [法]米歇尔·福柯. 规训与惩罚[M]. 刘北成, 等译. 北京: 三联书店, 2018.

[106] [法]迪迪埃·埃里蓬. 权力与反抗[M]. 谢强, 等译. 北京: 北京大学出版社, 1997.

[107] [英]J罗杰斯·霍林斯沃思, 等. 当代资本主义制度的移植[M]. 许耀桐, 等译. 重庆: 重庆出版社, 2001.

[108] [美]保罗·巴兰, 保罗·斯威齐. 垄断资本[M]. 南开大学政治经济系, 译. 北京: 商务印书馆, 1977.

[109] [美]保罗·克鲁格曼. 地理和贸易[M]. 张兆杰, 译. 北京: 北京大学出版社, 2002.

[110] [美]保罗·克鲁格曼. 萧条经济学的回归[M]. 刘波, 译. 北京: 中信出版社, 2012.

[111] [美]保罗·斯威齐. 资本主义发展论[M]. 陈观烈, 秦亚男, 译. 北京: 商务印书馆, 1997.

[112] [英]戴维·柯茨. 资本主义的模式[M]. 耿修林, 宗兆昌, 译. 南京: 江苏人民出版社, 2001.

[113] [英]戴维·佩珀. 生态社会主义[M]. 刘颖, 译. 济南: 山东大学出版社, 2005.

[114] [美]道格拉斯·凯尔纳, 斯蒂文·贝斯特. 后现代理论——批判性的质疑[M]. 张志斌, 译. 北京: 中央编译出版社, 2011.

[115] [英]德雷克·格利高里, 约翰·厄里. 社会关系与空间结构[M]. 谢礼圣, 等译. 北京: 北京师范大学出版社, 2011.

[116] [巴西]费尔南多·恩里克·卡多佐, 恩佐·法勒托. 拉美的依附及发展[M]. 单楚, 译. 北京: 世界知识出版社, 2002.

[117] [英]弗兰克·韦伯斯特. 信息社会理论[M]. 3版. 曹晋, 等译. 北京: 北京大学出版社, 2011.

[118] [美]霍普金斯, 伊曼纽尔. 转型时代世界体系的发展轨迹: 1945—2025[M]. 吴英, 译. 北京: 高等教育出版社, 2002.

[119] [美]杰里米·里夫金. 零边际成本社会[M]. 赛迪研究院专家组,

译. 北京：中信出版社，2014.

[120] [阿根廷]劳尔·普雷维什. 外围资本主义：危机与改革 [M]. 苏振兴，袁兴昌，译. 北京：商务印书馆，1990.

[121] [英]科林·克劳奇. 新自由主义不死之谜 [M]. 蒲艳，译. 北京：中国人民大学出版社，2013.

[122] [苏]卢森贝.《资本论》注释 [M]. 赵木斋，朱培兴，李延栋，译. 北京：生活·读书·新知三联书店，1963.

[123] [美]罗宾逊. 全球资本主义论：跨国世界中的生产、阶级与国家 [M]. 北京：社会科学文献出版社，2009.

[124] [德]罗莎·卢森堡，[苏]尼·布哈林. 帝国主义与资本积累 [M]. 柴金如，等译. 哈尔滨：黑龙江人民出版社，1982.

[125] [德]马克斯·韦伯. 经济行动与社会团体 [M]. 康乐，简惠美，译. 南宁：广西师范大学出版社，2004.

[126] [意]乔万尼·阿里吉. 亚当·斯密在北京 [M]. 路爱国，等译. 北京：社会科学文献出版社，2009.

[127] [英]斯科特·拉什，约翰·厄里. 符号经济与空间经济 [M]. 王之光，商正，译. 北京：商务印书馆，2006.

[128] [巴西]特奥托尼奥·多斯桑托斯. 帝国主义与依附 [M]. 杨衍永，等译. 北京：社会科学文献出版社，1999.

[129] [英]特里·伊格尔顿. 马克思为什么是对的？[M]. 李杨，等译. 北京：新星出版社，2011.

[130] [美]伊曼纽尔·沃勒斯坦. 现代世界体系（第一卷,第二卷）[M]. 北京：高等教育出版社，1998.

[131] [美]伊曼纽尔·沃勒斯坦，等. 资本主义还有未来吗？[M]. 徐曦白，译. 北京：社会科学文献出版社，2014.

[132] [美]约瑟夫·熊彼特. 经济分析史（一、二、三卷）[M]. 朱泱，等译. 北京：商务印书馆，1996.

[133] [美]约瑟夫·熊彼特. 资本主义、社会主义与民主 [M]. 吴良健，译. 北京：商务印书馆，2004.

[134] [美]伯特尔·奥尔曼. 马克思的异化理论 [M]. 王贵贤，译. 北京：北京师范大学出版社，2018.

[135] [英]多琳·马西,约翰·艾伦,史蒂夫·派尔. 城市世界[M]. 杨聪婷,等译. 武汉：华中科技大学出版社,2016.

[136] [美]亨利·丘吉尔. 城市即人民[M]. 吴家琦,译. 武汉：华中科技大学出版社,2016.

[137] 胡钧. 胡钧自选集[M]. 北京：中国人民大学出版社,2007.

[138] 程恩富. 程恩富选集[M]. 北京：中国社会科学出版社,2010.

[139] 高峰. 资本积累理论与现代资本主义——理论的和实证的分析[M]. 2版. 北京：社会科学文献出版社,2014.

[140] 谢富胜. 分工、技术与生产企业变迁[M]. 北京：经济科学出版社,2005.

[141] 谢富胜. 控制和效率：资本主义劳动过程理论与实践[M]. 北京：中国环境科学出版社,2012.

[142] 陈叶盛. 调节学派理论研究[M]. 北京：中国人民大学出版社,2012.

[143] 吕拉昌,等. 首都城市公共安全风险及其治理[M]. 北京：经济管理出版社,2018.

[144] 刘刚. 后福特制[M]. 北京：中国财政经济出版社,2010.

[145] 赵华兴. 转型社会的冲突与治理：拉尔夫·达伦多夫的政治思想研究[M]. 杭州：浙江大学出版社,2016.

[146] 薛晓源,周战超. 全球化与风险社会[M]. 北京：社会科学文献出版社,2005.

[147] 刘岩. 风险社会理论新探[M]. 北京：中国社会科学出版社,2008.

[148] 杨雪冬. 风险社会与秩序重建[M]. 北京：社会科学文献出版社,2011.

[149] 高鉴国. 新马克思主义[M]. 北京：商务印书馆,2007.

[150] 汪民安,陈永国,马海良. 城市文化读本[M]. 北京：北京大学出版社,2008.

[151] 鲍伶俐. 资本逻辑与经济空间生成及扩张机制[M]. 上海：上海人民出版社,2017.

[152] 李黎力. 明斯基经济思想研究[M]. 北京：商务印书馆,2018.

[153] 包亚明. 现代性与空间的生产[M]. 上海：上海教育出版社,2003.

[154] 付清松．不平衡发展——从马克思到尼尔·史密斯［M］．北京：人民出版社，2015．

[155] ［美］大卫·哈维．大卫·哈维谈资本的逻辑与全球金融危机[J]．樵明亮，译．国外理论动态，2010（1）：10-12；39．

[156] ［美］罗伯特·布伦纳．全球生产能力过剩与1973年以来的美国经济史（下）[J]．国外理论动态，2006（3）：17-23．

[157] ［美］约翰·贝拉米·福斯特，等．21世纪资本主义的垄断和竞争（上）[J]．国外理论动态，2011（9）：5-15．

[158] ［美］约翰·贝拉米·福斯特，等．21世纪资本主义的垄断和竞争（下）[J]．国外理论动态，2011（10）：30-38．

[159] ［澳］斯蒂夫·克鲁克．风险的秩序化［J］．穆易，译．马克思主义与现实，2004（4）：87-93．

[160] ［美］布伦特·K 马歇尔．全球化、环境退化与贝克的风险社会［J］．周战超，译．马克思主义与现实，2005（5）：96-104．

[161] ［美］托马斯·I 帕利．明斯基金融不稳定假说对危机解释的局限性［J］．陈弘，译．国外理论动态，2010（8）：21-28．

[162] ［美］曼纽尔·卡斯特．发达资本主义的集体消费与城市矛盾[J]．姜珊，译．国际城市规划，2009（1）：291-300．

[163] 程恩富．应对资本主义危机要超越新自由主义和凯恩斯主义[J]．红旗文稿，2011（9）：16-18．

[164] 孟捷，龚剑．金融资本与"阶级—垄断地租"——哈维对资本主义都市化的制度分析［J］．中国社会科学，2014（8）：91-108．

[165] 孟捷．马克思主义经济学范式中的生产方式与资源配置方式[J]．教学与研究，2000（6）：22-29．

[166] 谢富胜，李安，朱安东．马克思主义危机理论和1975—2008年美国经济的利润率［J］．中国社会科学，2011（3）：65-82；221．

[167] 谢富胜，巩潇然．城市居住空间的三种理论分析脉络［J］．马克思主义与现实，2017（4）：27-36．

[168] 余斌，师新华．论中国特色社会主义市场经济的五项原则［J］．马克思主义研究，2017（03）：59-67；159-160．

[169] 仰海峰．政治经济学批判中的历史唯物主义［J］．中国社会科学，

2010（1）：4-16；221.

[170] 范如国."全球风险社会"治理：复杂性范式与中国参与[J].中国社会科学，2017（2）：77-93.

[171] 吴忠民.社会矛盾倒逼改革发展的机制分析[J].中国社会科学，2015（5）：4-20；203.

[172] 陈进华.中国城市风险化：空间与治理[J].中国社会科学，2017（8）：43-60；204-205.

[173] 胡海峰.福特主义、后福特主义与资本主义积累方式[J].马克思主义研究，2005（3）：63-69.

[174] 张凤超.新马克思主义批判视阈下的空间命运[J].马克思主义研究，2012（1）：78-87.

[175] 宋磊.发展型国家论的研究传统与新李斯特主义的管理学基础[J].教学与研究，2015（3）：18-25.

[176] 鲍伶俐.资本逻辑、技术逻辑与经济空间生成机制[J].上海财经大学学报，2010（3）：3-10.

[177] 杨玲玲，孟鑫.对西方左翼研究当代资本主义风险社会问题成果的分析[J].毛泽东邓小平理论研究，2013（6）：75-81；92.

[178] 周战超.当代西方风险社会理论引述[J].马克思主义与现实，2003（3）：53-59.

[179] 章国锋.反思的现代化与风险社会——乌尔里希·贝克对西方现代化理论的研究[J].马克思主义与现实，2006（1）：130-135.

[180] 徐岿然.复杂实践情景中理性的多维渗透与自反——论贝克和吉登斯社会学自反性观念的哲学意义[J].哲学动态，2009（6）：62-67.

[181] 宋友文.自反性现代化及其政治转型——贝克风险社会理论的哲学解读[J].山东社会科学，2014（3）：21-25.

[182] 钟君.风险社会的历史唯物主义分析[J].马克思主义研究，2014（4）：90-98.

[183] 钟君.当前中国的社会风险外壳初探[J].国家行政学院学报，2014（4）：59-63.

[184] 张海波.社会风险研究的范式[J].南京大学学报（哲学.人文科学.社会科学版），2007（2）：136-144.

[185] 郭洪水,朱葆伟. 风险的哲学存在论分析——兼论当代风险社会的生成逻辑[J]. 科学技术哲学研究,2013(3):99-103.

[186] 庄友刚. 风险范式与历史唯物主义的当代出场[J]. 山东社会科学,2008(5):11-16;21.

[187] 潘斌. 社会风险研究:时代危机的哲学反思[J]. 哲学研究,2012(8):16-18.

[188] 崔伟奇. 论风险观念的价值哲学基础[J]. 哲学研究,2012(2):93-99;129.

[189] 贾英健. 风险意识与中国现代性构建[J]. 理论学刊,2015(1):75-82.

[190] 冯必扬. 社会风险:视角、内涵与成因[J]. 天津社会科学,2004(2):74-77.

[191] 熊光清. 当前中国社会风险形成的原因及其基本对策[J]. 教学与研究,2006(7):17-22.

[192] 杨雪冬. 全球化、风险社会与复合治理[J]. 马克思主义与现实,2004(4):61-77.

[193] 杨雪冬. 改革路径、风险状态与和谐社会治理[J]. 马克思主义与现实,2007(1):17-24.

[194] 张乐,童星. 加强与衰减:风险的社会放大机制探析——以安徽阜阳劣质奶粉事件为例[J]. 人文杂志,2008(5):178-182.

[195] 张海波,童星. 中国应急管理结构变化及理论概化[J]. 中国社会科学,2015(3):58-84;206.

[196] 胡鞍钢,王磊. 社会转型风险的衡量方法与经验研究(1993—2004年)[J]. 管理世界,2006(6):45-54.

[197] 温权. 发达资本主义社会的集体消费危机与国家干预限度——曼纽尔·卡斯特的马克思主义城市政治经济学批判[J]. 国外理论动态,2018(10):29-39.

[198] 周利敏. 韧性城市:风险治理及指标建构——兼论国际案例[J]. 北京行政学院学报,2016(2):13-20.

[199] 李友梅. 城市发展周期与特大型城市风险的系统治理[J]. 探索与争鸣,2015(3):19-20.

[200] 胡小武. 新常态下的城市风险规避与治理范式变革 [J]. 上海城市管理, 2015 (4): 10-15.

[201] 张广利, 黄成亮. 世界风险社会启蒙及反思与批判 [J]. 广西社会科学, 2015 (10): 156-161.

[202] 桑百川, 王伟. 全球经济治理体系变革与碎片化风险防范 [J]. 国际贸易, 2017 (12): 4-8.

[203] 吴增礼. "全球风险社会"治理的中国智慧与构想: 走向人类命运共同体 [J]. 南京社会科学, 2018 (8): 9-14.

[204] 成鹏远, 等. 北京农民收入增长影响因素实证分析及展望 [J]. 农业展望, 2019 (3): 17-22.

[205] 胡杰容, 杨朔. 北京城市低保标准研究: 从绝对贫困到相对贫困 [J]. 北京科技大学学报 (社会科学版), 2018 (4): 40-47.

[206] 杨冬梅. "互联网+"时代公众参与城市风险治理探析 [J]. 行政论坛, 2016 (11): 103-106.

[207] 施昌奎. 精细化治理的北京思路 [J]. 前线, 2018 (11): 91-92.

[208] 王光辉, 刘怡君, 王红兵. 基于耗散结构理论的城市风险形成及演化机理研究 [J]. 城市发展研究, 2014 (11): 81-86.

[209] 宋宪萍, 孙茂竹. 资本逻辑视阈中的全球性空间生产研究 [J]. 马克思主义研究, 2012 (6): 59-66.

[210] 宋宪萍, 梁俊尚. 基于资本循环框架的金融化与空间化 [J]. 马克思主义研究, 2014 (10): 89-102.

[211] 宋宪萍, 孙茂竹. 社会风险及其治理的研究转向与超越 [J]. 学术研究, 2014 (7): 71-77; 159.

[212] 宋宪萍, 孙茂竹. 马克思主义视域下的风险理论研究 [J]. 当代经济研究, 2018 (10): 73-82; 97.

外文文献:

[1] H Otway. Public Wisdom, Expert Fallibility: Toward a Contextual Theory of Risk[M]//S Krimsky, D Golding. Social Theories of Risk. Westport, Conn.: Praeger, 1992.

[2] Paul Slovic. Trust, Emotion, Sex, Politics, and Science: Surveying the Risk-assessment Battlefield[J]. Risk Analysis, 1999, 19 (4): 689−701.

[3] Jens O Zinn, Peter Taylor-Gooby. Risk as an Interdisciplinary Research Area[M]//P Taylor-Gooby, J O Zinn. Risk in Social Science. Oxford: Oxford University Press, 2006.

[4] Ortwin Renn. Risk Governance: Combining Facts and Values in Risk Management[M]//Hans-Jürgen Bischoff. Risks in Modern Society. Berlin and Heidelberg: Springer, 2008.

[5] Feanne X Kasperson, Roger E Kasperson, Nick Pidgeon, Paul Slovic. The Social Amplification of Risk: Assessing Fifteen Years of Research and Theory[M]//Nick F Pidgeon, Roger E Kasperson, Paul Slovic, The Social Amplification of Risk. Cambridge; New York: Cambridge University Press, 2003.

[6] Gary E Machlis, Eugene A Rosa. Desired Risk: Broadening the Social Amplification of Risk Framework[J]. Risk Analysis, 1990, 10 (1): 161−168.

[7] Steve Rayner. Muddling Through Metaphors to Maturity: a Commentary on Kasperson et al., The Social Amplification of Risk[J]. Risk Analysis, 1988, 8 (2): 201−204.

[8] Murray E G Smith, Jonah Butovsky. Profitability and the Roots of the Global Crisis: Marx's "Law of the Tendency of the Rate of Profit to Fall" and the US Economy, 1950—2007[J]. Historical Materialism, 2012, 20 (4): 39−74.

[9] David Harvey. In What Ways Is "The New Imperialism" Really New?[J]. Historical Materialism, 2007, 15 (3): 57−70.

[10] David Harvey. The Enigma of Capital and the Crisis of Capitalism[M]. London: Profile Books, 2010.

[11] David Harvey. The Condition of Postmodernity: An Inquiry into the Origins of Cultural Change[M]. Oxford: Blackwell, 1989.

[12] Michael Wallace, David Brady. Globalization or Spatialization?The

Worldwide Spatial Restructuring of the Labor Process[M]//Terrence McDonough, Michael Reich, David M Kotz. Contemporary Capitalism and Its Crises: Social Structure of Accumulation Theory for the 21st Century. New York: Cambridge University Press, 2010.

[13] John Bellamy Foster, Robert W Mcchesney. The Internet's Unholy Marriage to Capitalism[J]. Monthly Review, 2011, 62 (10): 1–30.

[14] David Harvey. The Limits to Capital[M]. London; New York: Verso, 2006.

[15] Michael Hudson. From Marx to Goldman Sachs: The Fictions of Fictitious Capital, and the Financialization of Industry[J]. Critique, 2010, 38 (3): 419–444.

[16] Thomas I Palley. Financialization: What It Is and Why It Matters[J]. Levy Economics Institute of Bard College, 2007 (525): 17–40.

[17] William K Tabb. Financialization in the Contemporary Social Structure of Accumulation[M]//Terrence McDonough, Michael Reich, David M Kotz. Contemporary Capitalism and Its Crises: Social Structure of Accumulation Theory for the 21st Century. New York: Cambridge University Press, 2010.

[18] Johnna Montgomerie. Bridging the Critical Divide: Global Finance, Financialisation and Contemporary Capitalism[J]. Contemporary Politics, 2008, 14 (3): 233–252.

[19] Steve Wright. Storming Heaven: Class Composition and Struggle in Italian Autonomist Marxism[M]. London: Pluto Press, 2002.

[20] Finn Bowring. From the Mass Worker to the Multitude: A Theoretical Contextualisation of Hardt and Negri's Empire[J]. Capital&Class, 2004, 28 (2): 101–132.

[21] Bennett Harrison. Lean and Mean: The Changing Landscape of Corporate Power in the Age of Flexibility[M]. New York: Guilford Press, 1997.

[22] Moor L, Littler J. Fourth Worlds and Neo-Fordism: American Apparel

and the Cultural Economy of Consumer Anxiety[J]. Cultural Studies, 2008, 22 (5): 700 – 723.

[23] Maravelias C. Freedom at Work in the Age of Post-Bureaucratic Organization[J]. Ephemera, 2007, 7 (4): 555 – 574.

[24] Manuel Castells. The Urban Question: A Marxist Approach[M]. London: Edward Arnod, 1977.

[25] Stephen Graham. Urban Metabolism as Target[M]//Nik Heynen. In the Nature of Cities: Urban Political Ecology and the Politics of Urban Metabolism. London;New York: Routledge, 2006.

[26] Manuel Castells. Collective Consumption and Urban Contradictions in Advanced Capitalism[M]//Manuel Castells. City, Class and Power. London: Macmillan, 1978.

[27] David Harvey. Social Justice and the City, Athens[M]. London: The University of Georgia Press, 2009.

[28] Manuel Castells. City, Class and Power[M]. New York: St.Martin's Press, 1978.

[29] Leslie Sklair. Iconic Architecture and the Culture-ideology of Consumerism [J]. Theory Culture and Society, 2010, 27 (5): 135 – 159.

[30] Marco Bontje. Sako Musterd. Inventive City-Regions: Path Dependence and Creative Knowledge Strategies[M]. Farnham: Ashgate Publishing Limited, 2011.

[31] David Harvey. The Urban Process under Capitalism: a Frame-work for Analysis[J]. International Journal of Urban and Regional Research, 1978, 2 (1): 101 – 131.

[32] David Harvey. The Urbanization of Capital[M]. Oxford: Blackwell, 1985.

[33] David M Kotz. Accumulation, Money and Credit in the Circuit of Capital[J]. Rethinking Marxism, 1991, 4 (2): 119 – 133.

[34] David Martin Gordon, Richard Edwards, Michael Reich. Segmented Work, Divided Workers: The Historical Transformation of Labor in the

United States[M]. New York: Cambridge University Press, 1982.

[35] Deepankar Basu. Comparative Growth Dynamics in a Discrete-time Marxian Circuit of Capital Model[J]. Economics Department Working Paper Series, 2011.

[36] Duncan K Foley. Realization and Accumulation in a Marxian Model of the Circuit of Capital[J]. Journal of Economic Theory, 1982, 28 (2): 300–319.

[37] Duncan K Foley. Understanding Capital: Marx's Economic Theory, Cambridge[M]. Mass: Harvard University Press, 1986.

[38] Henri Lefebvre. The Production of Space[M]. Oxford: Blackwell, 1991.

[39] Alex Anas, Richard Arnott, Kenneth A Small. Urban Spatial Structure[J]. Journal of Economic Literature, 1998, 36 (3): 1426–1464.

[40] Hideaki Ogawa, Masahisa Fujita. Equilibrium Land Use Patterns in a Nonmonocentric City[J]. Journal of Regional Science, 1980, 20 (4): 455–475.

[41] Robert E Lucas, Esteban Rossi-Hansberg. On the InternalStructure of Cities[J]. Econometrica, 2002, 70 (4): 1445–1476.

[42] William C Wheaton. Commuting, Congestion, and Employment Dispersal in Cities with Mixed Land Use[J]. Journal of Urban Economics, 2004, 55 (3): 417–438.

[43] Gerald F Davis. Managed by the Markets: How Finance Re-Shaped America[M]. Oxford: Oxford University Press, 2009.